JN026630

ビジネスにおける異文化
リスクのマネジメント

―アジアの事例を中心に―

上田 和勇 **編著**

専修大学商学研究所叢書20

東京　白桃書房　神田

序　文

商学研究所叢書刊行にあたって

　専修大学商学研究所は，創立35周年記念事業の一環として，2001（平成13年）から「商学研究叢書」を公刊している。『ビジネスにおける異文化リスクのマネジメント－アジアの事例を中心に－』と題する本書は，「専修大学商学研究叢書」第20巻にあたる。

　本書は，日系企業の海外進出が続く中で，当該国や地域で事業活動を継続していくために，異文化リスクの理解とマネジメントが必要不可欠であることを，東南アジア・台湾・オーストラリアの事例も含めて検討したものである。

　この研究は，2016年から2019年にかけて，当研究所の所員と学外の研究者によるプロジェクト・チームで実施したものである。2019年9月21日には，学外の研究者を招いて，公開シンポジウム「東南アジアの企業経営における現地文化とリスク対応—ベトナム，台湾，オーストラリアを中心に—」も実施している。

　本書が学内外の多くの関係者に知的刺激を与えるとともに，本研究所にも社会から多くの知的刺激を受けるきっかけになることを祈念している。また，今後もプロジェクト・チームによる研究成果として，商学研究所叢書シリーズが刊行される予定である。このような研究活動が，引き続き活発におこなわれていくことを願っている。

　末尾になるが，本プロジェクト・チームのメンバー各位そして同チームにご協力いただいた学内外すべての方々に厚くお礼申し上げたい。

2021年3月

専修大学商学研究所所長　　岩尾　詠一郎

はじめに

　本書『ビジネスにおける異文化リスクのマネジメント─アジアの事例を中心に─』は2017年度から2019年度の3年間に及ぶ専修大学商学研究所プロジェクトの研究成果の一部である。本書には8本の論文が掲載されている。以下，ビジネス分野における文化要因の重要性について述べるとともに，各論文のポイントを述べ，本書の序としたい。

　企業行動及び企業成果にはさまざまな要因が影響を与えている。例えば外部環境要因でいえば，経済環境，競争環境，消費者のニーズなどが国際化という大きな時代背景の中で企業成果に与える影響が大であることはいうまでもない。また企業内部要因，例えば経営者や会社のビジョンや理念，ガバナンスの在り方，商品開発力，人事力，財務力，マーケティング戦略や戦術などが企業成果や行動に多大な影響を与えることも然りである。

　企業経営はそもそも外部環境要因の変化に適合しながら内部環境要因に関わる資源をいかに有効に適応させるかに関するマネジメントであり，その適応力が重要となる。こうした経営の枠組みの中で企業の本業に消費者がいかに反応するかが企業のパフォーマンスに直接的影響を与える。ただここで重要な視点は企業のコントロール可能な要因の根底には必ず現場のスタッフがおり，そこで商品開発，人事政策，労務管理，戦略・戦術の立案，販売促進他が実行されている，という点である。この活動がグローバル化すればするほど異文化の価値観を有するスタッフとのコミュニケーション，現場と本社とのコミュニケーションのずれやギャップがパフォーマンスへマイナスの影響を与える。本プロジェクト及び本書刊行の意義の一つはこうした側面にもスポットを当てている点である。

　本書第1章でも指摘されているが，ジェトロ（2019年3月）「日本企業の海外展開に関するアンケート」では，海外進出企業及び国内の外国人労働者を採用している企業のコミュニケーション・ギャップの多くは，相手国の規制や法律

などの目に見える要因よりも，本質的に相手側（利害関係者特に社員）の価値観，文化，ビジネス慣習などの目に見えない異文化の理解不足からきていることが多い点が示されており，人的資源管理の面からも異文化への理解不足が企業経営に重大な問題を招くことになる。そういう視点から見ても文化要因が企業，本社社員，現地の社員他に与える影響は企業の最終的パフォーマンスに直結する問題である。こうした問題意識の下，このプロジェクトチームでは下記のようなテーマにもとづく研究，調査を行い，本書の章立てにしている。

第1章「ソフト・コントロールによる異文化リスクのマネジメントー国民の文化特性とアンケート調査結果との比較分析を中心にー」では，海外進出企業及び国内の外国人労働者を採用している中堅・中小企業の特に人的資源管理の面における異文化ゆえのコミュニケーション・ギャップの問題を主要な異文化リスクと捉え，その効果的なリスクマネジメントを検討し，最終的に管理者の立場から見た社員の幸福感の醸成を目指す異文化リスクマネジメント・プロセスを提唱している。

第2章「東南アジアの華人系企業の 文化的背景と企業行動の特徴」では，グローバル化の波を受けて変化の途上にある東南アジアのファミリービジネスにおいて，異文化をバックグラウンドに持つ東南アジアの大手企業グループが共通して大切にしている「同郷意識」,「家族というコミュニティ」に焦点を当てた検討をしている。つまり，グローバル化が進む中でも，彼らのビジネスは西欧的な合理性をベースにした「起業家精神」ではなく，人間同士の信頼にもとづいた「故郷に錦を飾る」,「徒手空拳で無から有を生み出すロマン（白手起家）」といった原理で動いていることを体験し，その中で文化的背景の影響を踏まえた経営学の視点から体験も含めた問題意識をベースに，グローバル化の中での文化要因の重要性を指摘している。

第3章「ベトナムにおける日系外食企業の サービス・マーケティング ―文化的差異（CAGE フレームワーク）にもとづく検討―」では サービス・マーケティングの視点から，ベトナムに進出している日系外食企業（和食レストラン）が直面する「文化的差異」に焦点をあて，異文化マネジメントの現状と課題が検討されている。

国レベルでの文化的差異については，特にインフラ（物流網）と輸送品質（振動や温度への対応，誤配荷や事故など），人材確保と育成に大きな課題があ

るといえる。業種レベルでの差異については，日本料理が持つ文化的特性，食材の調達・加工・配送システム，接客サービスに対する意識の違い，現地の法制度と商慣行，人材の確保と育成などにおける課題を明らかにし，こうした課題や不利な条件に対しては，CAGE フレームワーク（「文化的差異（Cultural Distance）」「制度的差異（Administrative Distance）」「地理的差異（Geographic Distance）」「経済的差異（Economic Distance）」）にもとづいて，適応のためのツールが有効であることを確認している。

第4章「東南アジア各国の貨物輸送の特徴」では，異文化要因というソフト要因とは違い，ハードな要因である東南アジアのベトナム，タイ，カンボジア，ミャンマーの4か国を対象に，貨物輸送の特徴を明らかにしている。その結果，国にかかわらず道路整備が進展していること，トラックの登録台数も増えていること，アンケート調査の結果から，輸出入では，国にかかわらずトラックや船舶の利用が多いこと，そしてインフラの整備状況や主な輸出入先も踏まえて，貨物自動車を利用した輸送への要望が高い点などを指摘している。また，貨物自動車による輸送には，道路整備以外にも，貨物自動車の運転手や貨物自動車が必要であり，今後，今回対象とした4カ国において，貨物輸送を続けていくためには，貨物自動車の運転手不足というリスクにも対応できるような仕組み作りの必要性も指摘している。

第5章「米中対立とベトナムのリスク―サプライ・チェーン再編の展望―」ではグローバル・サプライ・チェーン（GSC）再編下において生産立地の受け皿として注目されるベトナムの事業リスクについて検討している。例えばベトナムで事業をおこなう上で個々の企業にとっての具体的なリスク項目として，販売・営業面，財務・金融・為替面，税務面，雇用労働面，貿易制度面（賄賂，コンプライアンス面も含む），原材料・部品の現地調達の難しさなどを指摘している。そして，ベトナムにおける輸出志向型の日系製造企業にとってのリスク対応として①生産分散の模索，②人材の高度化，③機械設備の高度化の重要性を指摘している。

第6章「台湾の国家リスクマネジメント―半導体技術流出危機と政府の対応―」では，台湾の半導体技術の中国への流出危機という事例から，リスクマネジメントにおける政府の役割を再検討するとともに，国家的リスクマネジメント下での企業の対応についても検討している。例えば，台湾政府がグローバル

資本主義のリスクを直視し，国内企業の中国投資を規制し，最先端の半導体ウエハファウンドリー技術の中国への流出を防止したプロセスなどについて検討し，台湾半導体産業全体のダメージを緩和し，業界全体のレジリエンスの強化に寄与した点などを論証している。また，短期的な利益の取得を目的に中国投資を行う企業の行動に国家が適切なガイダンスを行うだけでなく，企業の社会的責任(CSR)について一般の人々が関心を持ち，企業に提案や提言ができるような高度な市民社会を構築すること，さらに国内での人材育成を担う大学や研究機関，半導体関連産業，エンジニアなどさまざまなステークホルダーが協力して企業の暴走に歯止めをかけ，技術や人材を国内に残し長期的に育てていくという方向性を打ち出す必要がある点などについても言及している。

　第7章「日系流通企業の東南アジア諸国への進出における異文化リスク対応に関する試論」では，文化を企業の事業活動における競争力として戦略的に捉えようとする動き，すなわち「カルチャー・コンピタンス・マーケティング（CCM）について検討し，企業の文化資源を模倣困難な形で創造し，当該文化資源を進出先市場の文化とマッチング（文化発信・文化適応）させて浸透・評価を得る企業の問題を検討している。

　異文化リスクに対応する日系流通企業の事業展開を国際化の中で考え，以下のような提言を示している。「CCM戦略の示す各社の持つ製品やサービスレベル，企業レベル，そして原産国イメージのレベルといった3つの文化的要素をうまく利用することが大切であり，CCM調整戦略における文化発信と文化適応を適宜使い分けたり，組み合わせる方法を通して異文化リスクを低減させることが事業活動における異文化リスク対応には重要となるものと思われる」。

　第8章，オーストラリア，ケアンズにあるJames Cook大学，特任教授，Matthew Allenによる「Australian Business Culture, Hofstede, and the role of humour in the workplace」（「オーストラリアのビジネス文化，Hofstedeモデルそして職場におけるユーモアの役割」）では，ユーモアの意味，オーストラリアにおけるユーモアの意味，ユーモアが職場で果たす役割，Hofstedeの職場での文化的側面を理解することに際しての注意点，その問題点などについて検討している。Allen教授のご専門は文化人類学であり，この視点からのユニークで貴重な論稿である。アメリカのサウスウエスト航空会社はユーモア精神のある人材の採用に積極的であり，それは業務上多くのストレスを抱える同社のストレ

スマネジメントに貢献するという考えからきている。Allen教授も言うように，ユーモアの職場で果たす役割に関する研究は肯定的な理由であれ，否定的な理由であれ，今後も職場における人的関係，パーフォーマンスとの関係を理解する上で非常に重要なテーマであろう。

　以上の8つの章のポイントの説明からわかるように，本書『ビジネスにおける異文化リスクのマネジメント―アジアの事例を中心に―』は，国際化の進展が著しいアジア市場を中心に日系企業マネジャーと現地社員との文化的側面という視点から，東南アジアのファミリービジネスの文化史的側面から，サービス・マーケティングの文化的側面から，サプライ・チェーンにおけるリスクマネジメントの視点から，国レベルでの技術流失のリスクマネジメントの視点からなどの諸視点から検討したものである。国際化進展の中で，文化要因などを踏まえた国際的リスクマネジメントが企業経営の復元力や企業価値を左右させる重要な概念であり方法であることが，関係者にご理解いただけ，本書がその一助となれば幸いである。

　ところで，編著者による商学研究所からの叢書刊行は2002年の初刊から，これで5冊目の上程となる（1号『環境変化と金融サービスの現代的課題』，8号『企業経営とリスクマネジメントの新潮流』，11号『環境変化とリスクマネジメントの新展開』，）16号『アジア・オセアニアにおける災害・経営リスクのマネジメント』，20号『ビジネスにおける異文化リスクのマネジメント―アジアの事例を中心に―』』。
2021年3月末で39年間の専修大学の研究・教育活動を経て定年を迎えることができた。最後の年は新型コロナウイルスの影響で訪問調査の中止はじめいくつかの問題が生じたが，多くの研究員の諸先生による論稿をこうして5巻にわたり編著者として関わることができたのも，先生方はじめ多くの方々のご協力のお陰である。

　末尾になるが，参加の研究メンバー諸氏，専修大学商学研究所，専修大学そして白桃書房の大矢栄一郎氏のご協力に対し，改めて謝意を申し述べるものである。

2021年2月

編著者　上田和勇

目次

第1章 ソフト・コントロールによる 異文化リスクのマネジメント

—国民の文化特性とアンケート調査結果との比較分析を中心に—

第2章 東南アジアの華人系企業の 文化的背景と企業行動の特徴

第**3**章 ベトナムにおける日系外食企業の
サービス・マーケティング
─文化的差異（CAGE フレームワーク）にもとづく検討─

第**4**章 東南アジア各国の貨物輸送の特徴

第7章 日系流通企業の東南アジア諸国への進出における異文化リスク対応に関する試論

第8章 Australian Business Culture, Hofstede, and the role of humour in the workplace

ソフト・コントロールによる異文化リスクのマネジメント
─国民の文化特性とアンケート調査結果との比較分析を中心に─

1 はじめに

　日本企業の今後の持続的な成長のカギは海外需要の喚起と同時に国内需要の喚起の2本立てとなる。海外進出の場合，進出先での現地社員と日本人経営者や幹部との間のさまざまな面でのコミュニケーション・ギャップの問題がリスクとして浮かび上がってくることはいうまでもない。この問題は言い換えれば進出先で日本人経営幹部と現地社員との問題であり「アウト・バウンドのコミュニケーション・ギャップの問題」とでもいえよう。

　一方，日本人経営者と外国人労働者との間のコミュニケーション・ギャップの問題は進出先のみならず，すでに国内においてもその兆候が出ている。厚生労働省の2018年（平成30）10月末現在の外国人労働者数に関する調査では，外国人労働者の数は1,460,463人で，前年同期比181,793人，14.2％の増加である。国籍別では，中国が最も多く389,117人（外国人労働者数全体の26.6％）。次いでベトナム316,840人（同21.7％），フィリピン164,006人（同11.2％）であり，対前年伸び率は，ベトナム（31.9％），インドネシア（21.7％），ネパール（18.0％）が高い。

　ジェトロの調査では，こうした増大する国内での日本人経営幹部と外国人労働者との問題の中で，図表1–1にあるように，「日本人社員とのコミュニケーション」，「組織のビジョンの共有」，「外国人の処遇」などに関する，日本人経営者と外国人労働者との間の「イン・バウンドのコミュニケーション・ギャップ」の問題が上位に位置している[1]。

図表1-1　外国人社員採用・雇用の課題（全体，時系列）

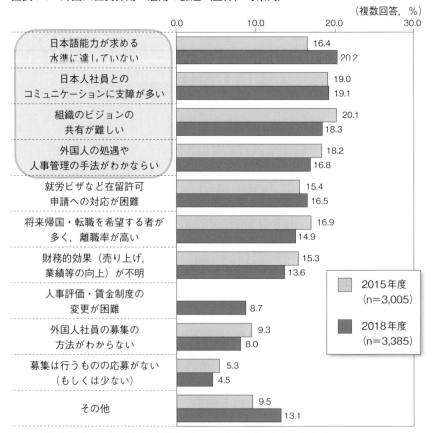

（複数回答，％）

日本語能力が求める水準に達していない　16.4 / 20.2

日本人社員とのコミュニケーションに支障が多い　19.0 / 19.1

組織のビジョンの共有が難しい　20.1 / 18.3

外国人の処遇や人事管理の手法がわかならい　18.2 / 16.8

就労ビザなど在留許可申請への対応が困難　15.4 / 16.5

将来帰国・転職を希望する者が多く，離職率が高い　16.9 / 14.9

財務的効果（売り上げ，業績等の向上）が不明　15.3 / 13.6

人事評価・賃金制度の変更が困難　8.7

外国人社員の募集の方法がわからない　9.3 / 8.0

募集は行うものの応募がない（もしくは少ない）　5.3 / 4.5

その他　9.5 / 13.1

2015年度（n=3,005）
2018年度（n=3,385）

出所：ジェトロ（2019年3月）「日本企業の海外展開に関するアンケート」p.9。

　こうした海外進出企業及び国内の外国人労働者を採用している企業のコミュニケーション・ギャップの多くは，相手国の規制や法律などの目に見える要因よりも，本質的に相手側（利害関係者特に社員）の価値観，文化，ビジネス慣習などの目に見えない異文化の理解不足からきていることが多く，人的資源管理の面からも企業経営に重大な問題を招くことが多い。

　本章では海外進出企業及び国内の外国人労働者を採用している中堅・中小企業の特に人的資源管理の面におけるコミュニケーション・ギャップの問題を主要な異文化リスクと捉え，その効果的なリスクマネジメントに関して検討する。

　最初に企業にとっての異文化理解の重要性を企業戦略との対比において検討すると同時に，異文化リスクマネジメント不足からくる経営損失の事例と効果的な異文化リスクマネジメントによる成功の事例を検討する。

　第2に異文化リスクマネジメント・プロセスを示し，そのプロセスに沿って，理論的分析とアンケートによる実態調査結果とを比較分析するアプローチを主体にして以下の検討を行う。①異文化リスクマネジメントの第1段階：日本企業の異文化リスク理解の土壌分析，②異文化リスクマネジメントの第2段階：異文化リスクの発見と評価，③異文化リスクマネジメントの第3段階：異文化リスクへの対応。

　第3に異文化リスクマネジメントをより効果的にするため，現場で働く社員の「心理的安全」，「幸福感の醸成」に主眼を置いた異文化リスクのマネジメント・モデルを検討する。[2)]

2 異文化理解の重要性と異文化リスクにかかる失敗と成功の事例

2-1　異文化理解の重要性と用語の定義

　企業経営の成功指標を，売り上げ，収益，マーケット・シェアなどの量的指標を重視する経営姿勢で経営成果を重視する見方は短期的視点のものであり，数字面での動向について一喜一憂するものとなる。こうした短期的視点で経営成果を見る経営姿勢は国内マーケットにおいても，またグローバル・マーケットにおいても同じ結果を呼ぶ。

　重要な視点は経営者が現場で働く社員すなわち人的資源に目を向け，本業を通じて社員をはじめとした利害関係者の幸福感を醸成するという中・長期的視点である。すなわち最初に経営者から一番近い社員との仕事面でのニーズ，労働観，経営理念の共有などを中心とする社内コミュニケーションから始まり，各国ターゲットのニーズ，商品との関係性，価値観などを把握し，その後，戦略の展開となる。こうした働く現場での社員に的を絞った指標を大切にする企業は中・長期的に成長路線に入っていく。

企業経営者は往々にしてこの順番を間違える。つまり，最初に企業拡大のデザインとさまざまな戦略を考え，それと同時にターゲット消費者のニーズなどの把握に進む。ここにおいて最初に考慮すべき社員とのさまざまな局面での共有，つまりコミュニケーションが欠落しており，結果として社員の退社，時には労働ストライキ，ターゲットのニーズ把握の誤りなどのリスクを生じさせる。特に新興諸国のマーケットに進出する場合，経営者はこの種の誤りを犯す。

　その主な原因は，経営者と社員との仕事面でのニーズ，労働観，経営理念の共有などを中心とする社内コミュニケーション不足，言い換えれば相手国社員のマクロ的な国民特性や価値観，そして社員個々人のミクロ的な個性の把握不足からである。言い換えればビジネスにおける異文化要因の理解不足である。

　次にビジネス文化及び異文化リスクという言葉の定義とそれらの理解不足からくる経営損失の事例と成功の事例を検討してみよう。

　ビジネスの面におけるculture言い換えればビジネスcultureとは「消費者の消費行動や企業行動に影響を及ぼす諸要因の総合であり，例えば宗教，法律，規制，社会制度，信仰，儀礼，社会的習慣，マナー，規範感覚，価値観などによる総合体」をいう。ビジネスcultureは経営者や社員が持っている価値観や態度，そして消費及び経営行動に影響を与える。そして，ここでは経営者や社員の進出国のビジネスcultureの理解不足による損失を異文化リスクとする。

　例えば異文化リスクが消費者行動と社員の価値観や行動に影響を与え，最終的に経営損失をもたらした事例として下記のものがある。

2-2　異文化リスクにかかる失敗と成功の事例

(1) 店舗レイアウトと消費慣習とのギャップによる評判リスクの発生
—吉野家の事例

　ビジネスcultureを構成する1つの要因に，顧客の消費習慣がある。消費慣習に影響を与える要素の1つが店舗レイアウトである。この事例は海外進出時の店舗レイアウトと顧客の消費習慣とのギャップが評判リスクを生じさせた例である。

　1899年日本橋の魚市場からスタートした吉野家は1958年から牛丼をメインとする会社として再スタートした。現在の「うまい，早い，安い」が重要な同

社の価値観であり企業理念でもある。海外の店舗は2012年には500店舗を超えており，アジアでは9つの国に進出している。日本での店舗はいうまでもなくカウンターによるサービスである。1988年台湾に吉野家の1号店が開店，日本と同様のカウンター方式であったが，台湾の人のカウンターへの評価は厳しいものがあった。[3]外食は家族やグループでにぎやかにテーブルを囲むのが台湾をはじめ華人の常識であったが，家族がカウンターに並んで食事をすることに大きな抵抗を示したのである。現在は，台湾ではカウンターは廃止されており，2018年3月上旬に台北を訪問し，吉野家に行ったが，すべてテーブル席であった。カウンターによるサービスは日本独自であり，台湾や他のアジア，米国でも同様にカウンターへの評判は悪かった。

(2) 現地の賃金水準や福利厚生（特に食事）への対応の不満からストライキへ—ベトナムでのストライキの例

　ベトナムでは争議行為，とりわけ違法なストライキが多い点が特徴であり，その大半が日系企業を含めた外国企業に対するストライキである。労働法では，労使間の団体交渉・協議で合意に至らなかった場合に限ってストライキを起こすことが認められている。しかし，こうした手続きが煩雑であるため，ベトナムのストライキは突発的に発生する違法なものがほとんどである。違法ストライキについては，政府の取り締まりも不十分であり，事実上，野放し状態になっている。[4]

　近年のストライキ件数は，2007年（551件），2008年（720件），2009年（218件），2010年（424件）2011年（978件），2012年（532件），2013年（355件）であり，外資系企業での発生が全体の79，3％であり，ほとんどが違法ストライキである[5]（図表1-2）。

　外資系企業のうち，スト経験企業は台湾企業が24.5％，韓国企業24.4％，日本企業6.6％（国際労働財団）で，日本企業は比較的少ない印象を受けるが，2006年ハノイでの日系企業では約1万人の大規模ストが発生しているし，2012年6月にはベトナム日系商社の工業団地で，数千人の大規模ストが発生している。

　ストの原因は①賃金，賞与，手当の改善要求とともに，休暇の増加，昼寝の問題，そして食事の質や量に関する要求などがある。同じ工業団地内の他の会社の方が食事の量が一品多い，味がおいしいと評判であるといった理由や，食

図表1-2　ベトナムにおける労働スト発生件数

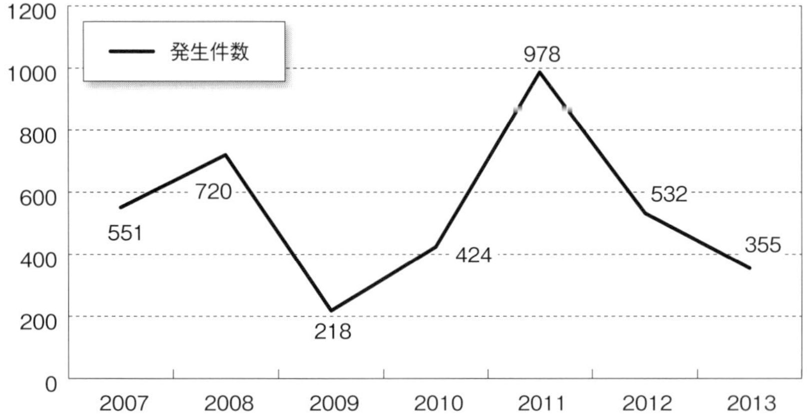

事に十分火が通っていないという理由で，ストライキが簡単に発生している。
また，昼食費の支給額増を求めるストライキも発生している。特に昼食を中心
とした食事の充実は，非常に重要であり，より食事に配慮した企業へ転職する
こともある。

　このように現地の賃金水準や福利厚生（特に食事）への対応の不満からスト
ライキへと発展している。特に食文化や食習慣などの違いがストの引き金とな
るケースがあり，こうした異文化リスクに関する要因にも考慮する必要がある。

(3) 台湾における食文化と日本の駅弁との融合化の事例[6]

　崎陽軒はシウマイ，弁当を中心にお菓子，肉まんなどの商品を販売している
が，その歴史は古く1908（明治41）年の創業以来，約112年の歴史を有してい
る。同社のHPによると，崎陽軒のシウマイは1928（昭和3）年の発売以来，
「変わらぬレシピで，また冷めてもおいしい」というコンセプトで販売されてき
ている。

　1954（昭和29）年には「横浜ならではの駅弁をつくりたい」という思いから，
シウマイ弁当が登場。崎陽軒の「冷めてもおいしい」へのこだわりがこのお弁
当にも継承されている。

　商品全体の年間売り上げは245億円，従業員数1,974名（2020年）であり，経

営理念は「崎陽軒はナショナルブランドを目指しません。真に優れたローカルブランドを目指します」というものである。崎陽軒は自らローカルブランドを目指すことを標榜している。ローカルに徹して商品性を追求していけば，全国で通用するナショナルブランドになり得るという考え方である。

　ところが，2020年8月台北に進出，海外第1号店を台北にオープンさせた。2018年と19年に台北での催事に出店し，そこでシウマイ弁当を販売。その際に冷めたものを好まないという台湾人の食に対する嗜好などをヒアリングし，今回の台湾出店にあたってはご飯とシウマイを温かい状態で提供することにした。

〈なぜ，台湾に進出したのか〉

　横浜は人口減少の中，インバウンドにも弱く，同社は海外に打って出る戦略に転換。台湾は日本文化や駅弁になじみが深いとして，中華圏への進出の足がかりと位置付けた。しかし，かねてからの同社の「冷めてもおいしい」，「ローカルブランドを目指す」という考え方との矛盾はないのか。

〈味，食文化などの面で，どう異文化に適合したのか〉

　2018年と19年の催事におけるリサーチで，日台の食文化の違いを認識した点がある。台湾には「台鐵便當」という弁当がある。台北駅のほか，地方の大きな駅で販売され，市内にはショップもあれば，最近では弁当の大手によりコンビニ展開も始まった。しかも，これらの弁当，台北駅の建物内に弁当を作る場所があり，温かい状態で客に提供されている。駅弁だけではない。台湾の学校は給食完備ではなく，学校によっては毎日，親がお昼どきにできたばかりの弁当を届けるところもある。持参してきた生徒の弁当は，クラスごとにコンテナで温められる。このように台湾の弁当文化は日本とはそうとう異なる。そこで崎陽軒は同じ弁当文化でも食習慣・食文化の違いを反映させ，ご飯とシウマイを温かい状態で提供することにした。

　もう1つの食文化の違いを反映させた対応はシウマイやおかずの弁当の盛り方の違いである。日本では幕の内弁当の形であるが，台湾ではいわゆる基本的にはご飯の上におかずが載った丼物的なスタイルである。このように弁当の温度，形の面での台湾文化への適合である。

〈ビジョン・理念との関係は〉

「冷めてもおいしい」を標榜する同社では，温かくすることについては「買った状態では温かく，冷めてもおいしいという点をPRしていきたい」という。そういう意味では「ローカルブランドを目指す」というビジョンも進出国の食習慣に柔軟に適合させているといえる。

〈その後の状況〉

台北駅の店舗は「幸先のよい滑り出し」といい，想定を上回る売れ行きを示しているという。オープン直後から店舗前には列ができ，オープンから約1か月が経った9月頃でも，店頭にはシウマイ弁当などを求める人が列をなす状況のようである。

3 異文化リスクのマネジメント・プロセスの外観と関連調査の分析

2-2で示した異文化リスクが与える損失のマネジメントを実効性のあるものにするためには，海外進出している日本企業内に異文化リスクのマネジメント・プロセス（Cross–Cultural Risk Management Process, 以下CCRMPとする）を導入する必要がある。異文化リスクとは多文化リスクとも表現できるが，それは「進出国と自国のcultureの違いが企業行動に及ぼすlossとchanceの不確実性」をいう。ここで注意しなければいけないのはリスクを損失の可能性とともにチャンスの不確実性と捉えている点である。2-2の台湾の食文化を理解した商品開発は明らかに食習慣などに関わる異文化が持つ不確実性を見事にマネジメントした事例である。

著者はこのプラスとマイナスの可能性を有した異文化リスクを効果的にマネジメントするため，CCRMPを次のように4つの段階で捉えている。

〈異（多）文化リスクのマネジメント・プロセス（CCRMP）の概観〉

第1段階は他国に進出している企業（ここでは日本企業を想定しており自国企業と呼ぶ）が進出先の異文化リスクをどの程度理解しているか，あるいは理

図表1-3　異（多）文化リスクのマネジメント・プロセス（CCRMP）

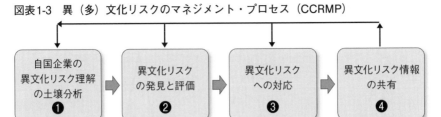

注：異（多）文化リスク＝進出国と自国のcultureの違いが企業行動に及ぼすlossとchanceの不確実性。

解しようとしているかの土壌分析である。

　第2段階は進出国の異文化リスクをどう捉えているかの異文化リスクの発見とそれへの自国企業側の評価である。

　第3段階は異文化リスクマネジメント手段の実行により，異文化リスクに対応する段階である。

　第4段階は異文化リスク情報の自国企業及び進出企業双方での共有である。他の表現をすれば異文化リスク・コミュニケーションである。この異文化リスク・コミュニケーションはこのCCRMPの各段階において必要なものである。

　次節では主にベトナムに進出している日本企業という視点から，異文化リスクのマネジメント・プロセスごとに，その内容を検討していく。

3-1　CCRMPの第1段階：自国（日本）企業の異文化リスク 理解の土壌分析

第1段階では主に次の4つの項目の分析が重要である。

1) 社員と価値観が共有できる企業理念の有無
2) 現地ローカル社員の仕事観，価値観，ニーズ把握
3) 現地と本社間のコミュニケーション密度
4) オープンな組織か，官僚的な組織になっていないか等

　以上の4つの面における分析はいずれも現地職場における企業幹部と現地社員をはじめとする利害関係者との情報共有の問題である。

図表1-4　会社を選ぶ際に重視していることは何ですか？

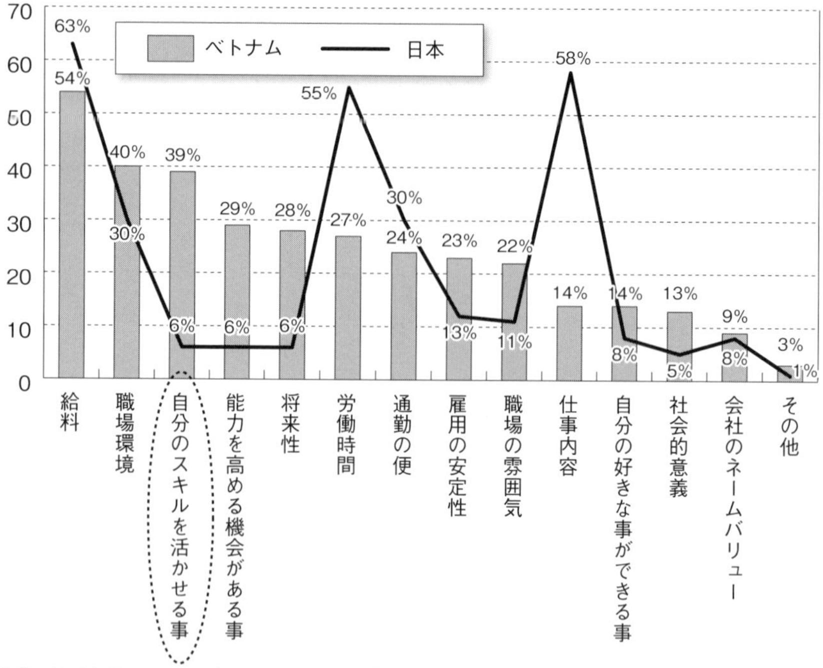

ベトナム | 日本

給料 ベトナム54% 日本63%
職場環境 40% 30%
自分のスキルを活かせる事 39% 6%
能力を高める機会がある事 29% 6%
将来性 28% 6%
労働時間 27% 55%
通勤の便 24% 30%
雇用の安定性 23% 13%
職場の雰囲気 22% 11%
仕事内容 14% 58%
自分の好きな事ができる事 14% 8%
社会的意義 13% 5%
会社のネームバリュー 9% 8%
その他 3% 1%

出所：株式会社 Asia Plus（http://asia-plus.net）による調査結果参照。

　例えば 2）の「現地ローカル社員の仕事観，価値観，ニーズ把握」の面では，次の調査結果にあるように，日越間で大きな差がある点に注目し，対応を考えなければならない。

　この調査は日越の20代の働くベトナム人・日本人男女各300人を対象に，次の２つの質問すなわち「会社選択時の重視した考慮要因は何か」，「会社を辞めたいと思った理由は何か」を探ったものである[7]。

【調査概要】

- 調査時期：2014年11月28日～12月８日
- 調査方法：インターネット調査
- 調査対象：20代の働くベトナム人・日本人男女各300人
- 調査主体（株）Asia Plus

図表1-5　会社を辞めた（辞めたいと思った）理由は何ですか？

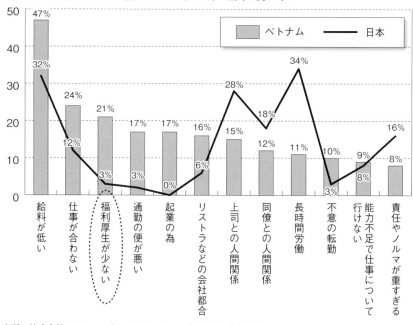

出所：株式会社 Asia Plus（http://asia-plus.net）による調査結果参照。

　「会社選択時に重視した考慮要因は何か」について日越間で顕著な差があったのは（この差は日本の約6倍），「自分のスキルを活かせること」である。必要に応じて仕事に役立つ新しい知識やスキルを身に付けることは，ベトナムでは重要と考えられており，スキルを上達できないと判断すれば，すぐに転職してしまうといわれている。また2015年に実施された日本企業で働くベトナム人労働者・日本人管理者を対象としたベトナム人の労働態度に関するヒアリング調査では，スキルに見合う賃金や仕事を優先させるのがベトナム人の特性であることが指摘されている。[8]仕事内容とスキルの向上とのマッチングを考慮した研修・教育の充実が採用側の企業には問われている。

　一方，「会社を辞めたいと思った理由」で，日越間で大きな差があったのが「福利厚生の少なさ」である。ベトナムで重視される福利厚生とは，「食事，バイクの駐車代金の補助，社員旅行」などであり，この面への配慮不足は前章で

見たストライキの発生に結び付くことになる。

　本書でこれまで参考にしてきた調査とは別に，筆者は専修大学商学研究所プロジェクトにおいて異文化リスクのマネジメントに関わる下記の調査を試みた。本来この調査は訪問調査でのインタビュー調査という形で行う予定であったが，新型コロナウイルスの影響により，online及び郵送による調査としたものである。以下，CCRMPの各段階において関連する調査結果も検討内容の中に入れていく。

【上田プロジェクトの調査概要】
1．調査目的
　　日系企業の現地社員と日本人スタッフ・経営者間においては文化的背景が異なるがゆえに誤解やトラブルなどが発生し，経営効率他の低下を招くことが考えられます。それをここでは異文化リスクと捉えて，日本人スタッフや経営者から見た異文化リスクの状況について理解するため。
2．調査時期
　　2020年10月7日～10月29日。
3．調査方法
　　Onlineと郵送によるアンケート。
4．調査対象
　　ベトナムの日系企業約200社を対象に調査し，30社から回答。
5．調査主体
　　三進インターナショナル社の協力を得て商学研究所上田プロジェクトが実施。

3-2　CCRMPの第2段階：異文化リスクの発見と評価

(1)　異文化リスクの発見と評価に関する異文化リスク・マップとベトナムの実態

　CCRMPの第1段階での自国（日本）企業の異文化リスク理解の土壌分析での4項目や次の諸項目に関して，自社の異文化リスクをその発生頻度やそれによるマイナス影響（損失の程度）の視点から評価するのがCCRMPの第2段階，

異文化リスクの発見と評価であり，例えば次のような事項が考えられる。

- 国民性，宗教の違いなどを考慮した商品開発，労務管理
- 福利厚生への評価（食事，休日，社内イベント）
- 社員及び家族とのコミュニケーション
- 報酬，昇進への評価
- 時間外労働への評価他

　異文化リスク評価の1つの手法として，異文化リスク・マップを作成する方法がある。それは，上に示した事項ごとに，自社の異文化リスクの発生頻度とそれによる損失の程度を2つの軸として，図表1-6のようなリスク・マップを作成することができる。このマップは労務管理を中心とするマップでプリミティブなものであるが，筆者の印象では導入している企業は少ないと思われる。

〈労務管理を中心とした異文化リスク・マップ〉
　図表1-6は仮想例であるが，③の社員及び社員の家族とのコミュニケーションに問題があると評価した場合，それへの対応をしなければならない。①の理念の社内での共有は頻度，損失の程度とも低く想定しているが，企業理念は企業行動の羅針盤としての役割を果たすものであり軽視できない。
　図表1-6は仮想例をリスク・マップで示したものであるが，異文化リスクの発見に関する実態に関しては，上田プロジェクトの簡易調査では概ね次のような結果を得ている。

〈上田プロジェクトの簡易調査結果〉
　上田プロジェクトの簡易調査の概要については既述したが，質問の1つに「異文化リスクを感じたことがありますか」があり，その回答結果は以下の通りである（図表1-7）。

　「異文化リスクを感じたことがありますか」という質問に対し，「非常に多い」8社，「時々ある」17社で，30社中25社は何らかの異文化リスクを感じており，その源泉は「一般的な生活慣習，習慣の違い，国民性や宗教の違い，仕事に関わ

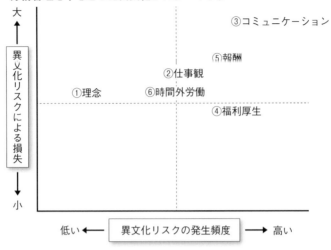

図表1-6 労務管理を中心とした異文化リスク・マップ

回答の内容については、次のようなものもある。「文化が異なることは毎日のように感じますが、それがリスクにまで発展するケースはさほど多くないのではないかと思います。」（あまり感じない、年間2回程度、生保会社ハノイ）。「基本的にはこの国の文化習慣として納得し受け入れる」（時々ある、年間20回、精密切削部品）。

る価値観の違い（賃金、昇進・昇格・時間外労働等での考え方の違いなど）、社員やその家族とのコミュニケーションの違い」など多岐に亘る。発生頻度に関しては、「非常に多い」という回答では、「年間96回、365回、100回、毎日」といった回答がある。

図表1-7 異文化リスクを感じたことがあるか

出所：商学研究所上田プロジェクトによる調査結果。

(2)　Hofstedeの国民の文化特性に関するモデル

　異文化をどう評価するかについては研究者による実態を踏まえた研究として，特にマクロ的国民特性の視点から捉えたホフステード（Geert Hofstede）の研究がある。

　ホフステード（Geert Hofstede）は，1967年から11万6,000人のIBM社員を対象に，72か国20言語で国別価値観を調査し，世界で初めて国別の文化の違いを分類しスコア化した。その後も精力的に研究を続け，1979年にはマイケル・ボンドの中国価値観調査を統合し，1990年代〜2000年代にかけてはIBM研究を継続的に他機関に応用し，追調査を行った。また，2014年にはミンコフによる世界価値観調査の研究をベースに，現在の6次元モデルを作り上げている。

(2)-1　6次元モデルの概要

　ホフステードのモデルは「社会」における文化の価値観の相対的な違いについて，6つの課題に注目，それを数値化し国民特性としてマクロ的にまとめている。6つの課題とは，①権力格差の大小②個人主義・集団主義③男性的文化・女性的文化④不確実性の回避⑤長期・短期志向⑥人生の楽しみ方である。

　この6次元で社会における文化的特性や国民特性を理解しようとするモデルを，本書では企業の働く現場でどのように理解すればいいのかとして，やや平易に検討したのが，図表1-8である。[9]

(2)-2　6次元モデルの長所と短所

　またホフステードの6次元モデルをレーダー・チャートとして示したのが次の図表1-9である。進出企業にとって，進出国のビジネスに関わる文化特性を理解することの必要性は多くの経営者が認めるところであり，その手助けとなる彼の分析ニーズは筆者にとっても興味深いものである。

　しかし，このホフステードの分析に対しては次のように長所と短所の2面性がある点も指摘されている。[10]

◆ ホフステードの6次元モデルの長所
  • シンプルであり，複雑でないこと
  • 文化をステレオタイプ化し，文化の国際比較を可能にしたこと

図表1-8　ホフステードにおける文化の違いを評価する6つの尺度

①権力格差の大小	●権力格差が大きい社会では部下は上司が家父長的な頼りがいのある人であることを望む。中央集権的で，ある程度の不平等も受け入れる傾向がある。 ●権力格差が小さい場合，上司と部下の距離は近く，役職の高低差に関わらず，平等・公平であることを望む傾向がある。理想の上司はコーチ，分権（権限委譲）を好む傾向がある。
②個人主義・集団主義	個人の意見を重視するか，集団の意見を重視するかの傾向をいう。 ●個人主義では個人の意見を尊重，自尊心の損失を罪であると捉え，明白なコミュニケーションを好む。個人へのフィードバック問題はない。人間関係より，職務優先。 ●集団主義では調和を重んじ，暗黙のコミュニケーション，職務より人間関係重視，メンツを失うことを恥と捉える傾向にある。
③男性的文化・女性的文化	男性的文化が強い社会では，成功と称賛に価値を置く，業績重視，家庭より仕事重視。 ●一方，女性的文化が強い社会では，謙虚さや，自身の成功よりも弱者支援，金銭的なものだけではなく生活の質重視。仕事より家庭に重きを置く傾向がある。
④不確実性の回避	不確実な出来事に対する態度の違いと関係している。 ●不確実性の回避心が高い傾向のある文化では，それを避けるために規則，構造を重視，曖昧な状況が嫌い，ストレスが多い。リスクをとらない傾向があり，トップは日々のオペレーションを気にする。 ●不確実性の回避心が低い文化では，規則は少なめで，リラックス，リスクをとる事に大きな抵抗を示さない。新しい手法を奨励，トップは戦略にフォーカスする。
⑤長期・短期志向	長期的利益か短期の財務を重視するかなどに関する志向の違いと関係している。 ●長期志向は統合的思考を好み，実用的で将来に備える。粘り強く，辛抱強く努力する。余暇は重視しない。善悪の判断は状況次第。顧客満足は重要な指標。自己の改善。他国に学ぶ。 ●短期的思考はすぐに結果に結び付く努力をする。分析的思考。善悪を判断する普遍的指針あり。四半期，当年の利益重視，ROI重視，自己の肯定。
⑥人生の楽しみ方	希望や望みに対して充足的か，抑制的かの志向の違いと関係している。 ●充足的文化では楽観主義でポジティブ思考奨励，道徳的規範少ない，余暇は重要。微笑みが基本。 ●抑制的カルチャーでは悲観主義的で，道徳的規範が多く，謹直で厳格な態度が信用される。余暇はあまり重要でない。

出所：注9参照。

図表1-9（その1）　4か国の異文化評価マップ

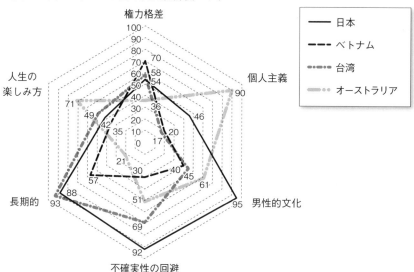

出所：Hofstedeの6次元モデル及びHofstede Insightsを参考に，上田がグラフ化したもの。

図表1-9（その2）　4か国の異文化評価マップの数値

	日本	ベトナム	台湾	オーストラリア
権力格差	54	70	58	36
個人主義	46	20	17	90
男性的文化	95	40	45	61
不確実性の回避	92	30	69	51
長期的	88	57	93	21
人生の楽しみ方	42	35	49	71

出所：図表1-9（その1）に同じ。

- ・統計的に説明したこと
- ◆ホフステードの6次元モデルの短所
  - ・文化的特性を単純な統計的な視点に変えて分析している
  - ・分断（解）による誤り（6次元に分けた分析）
  - ・複雑なものを単純化しすぎている

　このモデルに関しては，こうした批判はあるものの，ホフステードによる4

か国のカルチャー比較のレーダー・チャート図表1-9を見ると，4か国（日本，ベトナム，台湾，オーストラリア）の差が明確にわかり，進出企業にとっては外国人社員の意識や態度を理解する際の参考の1つになるのではないだろうか。

　本書では6次元モデルによる国民文化の4か国比較をまず示し，次にそのモデルと実態調査を試みたベトナムの商学研究所上田プロジェクトによる調査結果とを対比させる形で，日系ベトナム進出企業の異文化への評価を比較検討してみよう。

(2)-3　6次元モデルによる国民文化の4か国比較[11]

A.　4か国での顕著な文化的違い
　　①最も大きな差は，実線の日本の不確実性への回避心が他国に比べ非常に高く，男性的文化が強く，また長期的志向が台湾とともに高い点である。
　　②ベトナムは権力格差が4か国中，最も高く，男性的文化が弱く（女性的文化が強く），また不確実性への回避心も弱い。
　　③西欧文化の特徴を持つオーストラリアは4か国中，個人主義が最も強く，また人生の楽しみ方の面で希望や望みに対して充足的志向が最も強い。

B.　日本，ベトナム，台湾，オーストラリアの各文化（カルチャー）指標の比較
　　①権力格差の高低
　　　　ベトナムが4か国中最も高く，次に台湾，日本，オーストラリアの順。この面での4か国の差は他の文化尺度と比べ，それほど大きな違いはない。ベトナムのように権力格差が大きい社会では部下は上司が家父長的な頼りがいのある人であることを望む。
　　②個人主義か集団主義か
　　　　この面での4か国の違いは顕著。オーストラリアは個人主義的態度が高く，次に日本そしてベトナム，台湾の順。ベトナムと台湾はこの指標ではほとんど同じカルチャーといえる。ベトナムと台湾は集団主義的カルチャーが強い。現地及び国内でも，ベトナム人へのコミュニケーションの取り方は，暗黙的コミュニケーションが重要で彼らの人間関係を重視しながらの情報共有が重要。

③男性的文化か，女性的文化か

　男性的文化の特徴は家庭よりも仕事優先，業績第一であり，この特徴が強いのがダントツで日本。逆に家庭優先，生活の質重視はベトナムと台湾であり，この尺度での日本と他の3か国との差は大きい。日本人経営者がベトナム人や台湾人を雇用する際には，この尺度面での双方のギャップが大きく，双方でのトラブルやストレスのもととなる可能性が大である。

④不確実性への回避傾向

　この文化的尺度も4か国の差が大きい。不確実性への回避傾向が高いというのは，リスク負担の回避傾向が高いということを意味し，この傾向が最も高いのが日本。この文化の下では規則や形式が重視され，社員も上司もストレスを抱える傾向が高い。企業トップは戦略よりも日々のオペレーションを気にする。この文化的特性が強い社会や組織ではリスクを避けようとする傾向があるだけに，新しいアイディアやイノベーションが生まれる可能性が低い。

⑤長期的志向・短期的思考

　この文化的尺度は台湾と日本は長期的志向が強く，ベトナムは中間，オーストラリアは短期的志向が強い。

⑥人生の楽しみ方

　オーストラリアは人生の楽しみ方が充足的で，職場では楽観主義が奨励される。余暇も重要。日本は平均値に近い。ベトナムは抑制的で社会規範，道徳的規範が多い。

(3)　6次元モデルに見るベトナムの文化的特性と上田プロジェクトによるアンケート調査結果との比較

①権力格差

〈6次元モデル〉

　ベトナムのこの面でのスコアは高く（70），このことは，彼らは組織内での序列を受け入れており，この面での改善の必要性は感じていないということを意味している。組織内で不平等な側面が見られ，中央集権は普通である。部下は上司からの行動指示や命令を期待している。理想的な上司は温かみのある人であり，リーダーシップを取ろうとする意欲は歓迎されない。

　この文化特性に関する回答内容として「特に仕事については，指示待ち・いわれたことのみする姿勢が強く残っており，自ら考えて仕事を創造する発想・能力が欠けており，モチベーションアップに繋がる方策が見つからない」（ソフトウエア会社）

②個人主義・集団主義

〈6次元モデル〉

　この面でのベトナムの数字は20であり，集団主義が強い社会である。集団主義の文化は社会的ルールや規制についても深く影響を与える。家族，関係者，仲間などに強い関係性と責任を持つ傾向がある。攻撃は恥につながり，メンツをなくすことにもつながる。社員と経営者の関係は，家族間のつながりのように心理的なつながりの中で捉えられ，採用や昇進は仲間の中での社員の問題として捉えられる。管理は仲間の管理という枠組みで考えることが重要。

〈上田プロジェクトによるアンケート調査結果〉

　「仕事時間外は，スタッフに仕事関係の連絡をしない（ベトナムの家族を大切にする習慣を大事にしている）」（スポーツスクール）

　「ミスをしても人前で怒らない（ベトナム人は異常にプライドが高く，これもこの国の文化として大切にしております）」（スポーツスクール）

③男性的文化・女性的文化

〈6次元モデル〉

　女性性の高い社会とは競争よりも生活の質や，他人への配慮，自分の好きなことをすることを好み，仕事より家庭重視。ベトナムは女性性の社会。職場のマネジャーが重視すべきは，コンセンサスであり，人々は生活の質，連帯，労働面における質に重きを置く。衝突は妥協やネゴシエーションで解決する。自由時間，柔軟性を重視することが好まれる。幸せかどうかがポイントであり，効果的なマネジャーは，支援する人であり，意思決定は関わり合いの中で行われる。

〈上田プロジェクトによる簡易調査結果〉

「日本のような時間厳守で厳しすぎる文化をなくす（ある程度の常識は保った上で，自由度を与えている）」（スポーツスクール）

④不確実性の回避志向

〈6次元モデル〉

　　不確実性の回避文化に関するベトナムの30は低く（日本は90で非常に高い），将来の不確実性を避けようとする傾向は低い。したがって普段の人々の態度はリラックス・モードであり，原理・原則よりも実践に重きを置き，規範などからの乖離については許容範囲があり，我慢できる。こうした不確実性の回避心が低い社会や文化では，必要以上のルールは不要であり，そうしたルールがあいまいで機能しないならば，変えるかルールを廃棄すべきであると信じている。行動計画予定については柔軟であり，ハードワークは必要があればするが，そのことだけのためにはしない。正確さや時間厳守は自然には生まれず，イノベーションも脅威として受けとらない。

〈上田プロジェクトによるアンケート調査結果〉

　　「さまざまな分野において，よい意味でルールをすべて守らないこと（悪い事をするとかではなく，臨機応変に対応して行動しないと，契約書にこう記載されてるから，ルールを守れといってもまったく通用しない。

　　「それなら，ルールを守れ」と怒っている時間を，違う方法を考える時間に置き換える）」（スポーツスクール）

⑤長期志向・短期志向

〈6次元モデル〉

　　長期的か短期的かの指標で，ベトナムは57であり，短期的志向が強い。実用性重視の文化があり，この文化では人々は，真実は状況や文脈，時間により変わると考える。彼らは状況により容易に変わる能力を持ち伝統に対しても適応できるし，貯蓄，投資性向，倹約精神が高く，目標達成のため忍耐心も高い。

〈上田プロジェクトによるアンケート調査結果〉

　　「一定レベルを超えるとすべてを放り投げてしまうので，あきらめずにしつこく説明する事」（自動車部品再生）

「私が特に感じるのはベトナム人の多くが，今のことしか考えない場合が多いように思います。そのことをすると人はどう思うのか，近い将来どうなるのかを考えないとどんなことが発生するかを立ち止まって考えるように指導をしています」(ベトナム進出コンサルティング)

⑥人生の楽しみ方（抑制的・充足的）

　人生の楽しみ方が充足的か抑制的かというこの指標では，ベトナムは35であり，かなり抑制的である。この文化では冷笑主義や悲観主義の傾向がある。余暇や欲望の充足には重きが置かれず，行動は社会の規範により制限されるという知覚を持つとともに，欲望充足にふけることはよくないと考える傾向がある。

　以上，ホフステードによる６次元におけるマクロ的なベトナムの国民特性とミクロ的なアンケート調査結果とを比較すると，特に５つの面（①権力格差，②集団主義，③女性性，④不確実性の回避志向，⑤短期志向）で６次元モデルと同様の回答結果が得られたことがわかる。制限のあるシンプルなアンケート結果ではあるが，ベトナム人の国民特性がビジネスの分野でもある程度理解できよう。

3-3　CCRMPの第３及び第４段階：
　　　異文化リスクへの対応と異文化情報の共有

(1)　リスクマネジメント手段の一般的体系

　最初にリスクマネジメント対応手段には何があるのかという点を体系的に示しておこう。

　わかりやすい例として異文化リスクとは異なる地震リスクを想定し，リスクマネジメント対応手段を体系化したのが図表1–10である。

　図表1–10からわかるように，地震リスクの対応手段には大きく２つあり，１つはリスクによる損失の軽減等を図るリスク・コントロールであり，もう１つはリスクによる経済的損失の転嫁や保有を図るリスク・ファイナンスである。リスク・コントロールはさらに２つにわかれ，ハード・コントロールとソフト・

図表1-10　地震リスクへのリスクマネジメント対応手段

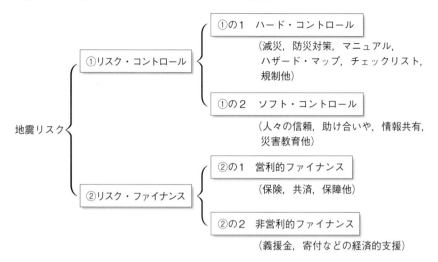

コントロールにわかれる。

　ソフト・コントロールとは，必ずしも定説はないが，人々の信頼，助け合いや，情報共有，リスク教育，目標，価値観の共有などにより利害関係者とのリレーションシップを構築し，自主的に信頼感を醸成していくなどの無形資産を重視するアプローチにより損失の低下を狙う諸活動をいう。

　一方，ハード・コントロールとは，システム，手順，マニュアル，チェックリストなどの有形で強制的なアプローチを重視するアプローチをいう。

(2)　異文化リスク対応手段の体系

　こうした諸手段をいかに効率よく組み合わせてリスクマネジメントを行うかがリスクマネジメントの重要な領域であるが，異文化リスクを特に労務リスクのマネジメントの側面から検討すれば，図表1-10で見るハード・コントロールよりも，むしろソフト・コントロール面でのマネジメントが重要となる。というのは労務リスクの本質は人々の価値観，仕事観，慣習，風習，文化などに根差した面での法人と現地社員とのコミュニケーション・ギャップが大半であり，それを埋めるには図表1-11で見るソフト・コントロール・アプローチが適合するからである。図表1-11には異文化リスクに対応するための2つのアプロ

図表1-11　異文化リスクへのリスクマネジメント対応手段

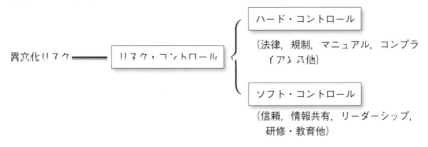

ーチが示されており，中・長期的に見て有効なのはソフト・コントロールである（図表1-11）。なぜ，ソフト・コントロールの効果が中・長期的かについては，異文化リスクの多くが人々の価値観，仕事観，慣習，風習，文化などに根差したものであり，このリスク軽減には中・長期的なコミュニケーションが必要だからである。

　具体的には次のような面での対応がソフト・コントロールの中心となる。

〈異文化リスクへのソフト・コントロール策〉
　①本社の経営理念の共有・浸透
　②自国の文化と相手国のビジネスcultureとの差異を認識した上で，それらを融和させるリーダーシップ
　③社員の幸福感の醸成プログラム
　④人事評価の公平性，透明性
　⑤家族的雰囲気の醸成等

　以上の異文化リスク対応におけるソフト・コントロール対応の妥当性について，上田プロジェクトの簡易調査結果を見てみよう。調査結果で得られたリスク対応の主なものを列挙すると下記のようになる。

〈上田プロジェクトの簡易調査結果による異文化リスクへの対応内容〉
　①報告，連絡，相談などに関して，最重要なことは必ずするように，何度も

話しました。

②現地の習慣を優先した。

③異文化の懸隔を埋めるためには，相手の考え方や価値観を否定はせず，一方で日本の文化・価値観は事あるごとに主張しながら，両者の妥協点を時間をかけて見出すことだと思います。

④共通言語の文字や絵に書き出し，一つ一つ同じ認識を持っていることを確認しながら，論理立てて説明し，スタッフに理解を得る。

⑤やりがいのある仕事環境の構築。

⑥一定レベルを超えるとすべてを放り投げてしまうので，あきらめずにしつこく説明する事。

⑦基本的にはこの国の文化習慣として納得し受け入れる。ただし，それでは進めない場合は自分の考えを伝え，理解してもらう。しっかり目的や理由を説明すれば，トラブルにはならない。

⑧解決方法は無く，解決ではなく相互理解が不可欠だと思います。

⑨日本企業や日本人が当たり前と考える仕事の進め方はいったん忘れ，ベトナム企業やベトナム人の仕事の進め方を理解し，じっくり対話すること以外に解決策はないと感じる。特に日本企業では，上司が部下の提案や提言を聞き，部下が意見を言いやすい職場環境を一般的に風通しがいいと言われるが，ベトナム企業では上司が絶対で，部下が自ら自発的に提案や提言をすることはほぼないと感じる。

⑩結論からいうと，自分自身の考え方を，日本の常識は取っ払い，その国に寄り添った考え方に変えました。

⑪文化の違いを認識し自身の企業経営との接点を見出すように努め，異文化リスクと捉えないようにしています。

⑫現地に合った規則作成，わかり易い表による説明。

⑬言う事はきちんと言うが，厳しさだけでは伝わらないので，時節ごとの贈り物のやり取りや一緒に食事するなど硬軟織り交ぜるよう心掛けている。

⑭日本人がベトナムの文化や習慣の違いを理解すること。事実を自分の目で見て確認し，最適な方策を実施すること，リスクを考慮した計画にしておくこと。

⑮ベトナム人とのコミュニケーションを多くするように心がけている。また，

信頼が置けるローカル社員から本音トークの内容を聴取している。

　約15の回答内容を見ると，現場での社員の苦労を感じ取ることができるし，またほとんどがCCRMPの第4段階の情報共有に関するものであり，ここでいうソフト・コントロールに含まれるものである。

(3) 6次元モデルとアンケート調査結果を踏まえた異文化理解のための　　リスクマネジメントの方向性―ベトナムを中心に

〈不確実性の回避心の指標〉

　日本とベトナムとの文化的側面の比較で最も日本との差が大きいのが，「不確実性の回避心の高低」，「男性的文化か女性的文化か」という2つの文化指標である。

　「不確実性の回避心が非常に低い」ベトナム社員との関係においては，マネジメントの方向性として，規則やルールを押し付ける（ハード・コントロール優先）のではなく，自由なアイディアが出やすい柔軟な対応（ソフト・コントロール）を優先させなければならない。この点はベトナム進出日系企業対象のアンケート調査結果でも指摘されている。自由なアイディアは企業経営にとって柔軟な思考を育み，新商品開発などに結び付く重要なマインド・セットであり，これにブレーキをかける施策や言動は好ましくない。

　ただ柔軟な対応が重要とはいえ，企業としての目標や理念などに関わる重要要素のお互いの相互理解，信頼があった上での柔軟な対応である。経営者はガバナンスと柔軟対応との優先順位を間違えてはいけない。

〈男性的文化か女性的文化かの指標〉

　ベトナムは女性的文化が日本に比べ非常に高い。この文化の下では，仕事よりも家庭重視，職場の労働環境重視，生活の質重視の傾向が見られる。したがって，マネジメントの方向性としては福利厚生面，食事面，家族への配慮など，業績や数字以外の面にも配慮することが重要である。この点もアンケート調査結果で指摘されている

　2019年10月に訪問したベトナム，ダナンにあるベトナム系中堅IT企業R社はきれいで清潔なオフィスで，業務中にラジオ体操の音楽を流すとともに，オ

フィスに卓球台，パターマット，サンドバッグなどの設備を配置していた。これは社員が最大の財産という同社の考えの表れであり，かつストレス・マネジメントの一環でもある。筆者は日本企業でこうした設備を配した企業を見たことがない。

　さらに同社は人材が第一，家族第一という考えで，残業をさせない，休暇を取らせる，家族にも誕生日プレゼントを贈る，女性の日を年に２回設定しているなどの配慮をしている。

〈短期志向〉

　特にベトナムではこの傾向が強く，日本とは異なる文化特性がある。ベトナム社員の持つこうした短期的視点を重視する特性を踏まえた経営幹部の対応が重要である。この点も記述のアンケート調査結果で指摘されている。

　例えばベトナム人社員は目先の経済的な所得に特に関心が高いと思われるので，会社の成長とともに年収も向上させる計画の概要などについて情報共有することなどが双方のコミュニケーションにつながるといえる。R社の離職率は18％であり，IT業界全般の25〜30％と比べて低い割合であり，人材が最重要とする同社はこうしたベトナム人の特性を踏まえた対応をしている表れである。

4 異文化リスクをより効果的にするマネジメントの方向性

　これまで検討してきたホフステードモデルによるHuman Resource Risk Managementにはすでに述べたように一長一短がある。特に外国人労働者を国のマクロ的な文化特性のみでくくるにはあまりにも大きすぎ，社員個々人の個性，価値観，これまでの社員が置かれた環境などを軽視することになる。このことは同じ日本人でも１人１人個性があり，労働に関する態度や行動，価値観などに差があることを我々自身認識していることからも理解できよう。

　そこでマクロ的なホフステードモデルを補完し，より効果的な職場での異文化リスクのマネジメントを実行するため，進出企業に対するアンケート調査結果による補完分析も試み，異文化理解のためのソフト・コントロールの妥当性を検証してきた。

異文化リスクに対するソフト・コントロール・アプローチは視点を変えれば，①職場での日本人幹部と外国人労働者間の心理的緊張感を和らげるアプローチでもある。それはまた②職場での全社員の幸福感を醸成するアプローチでもある。②については上田『危険と管理』（2019年第50号，pp.1 13）で検討しているので，ポイントのみを示し，本稿では①について付言してみよう。

4-1　職場での全社員の幸福感を醸成するアプローチ
　　　：フロー理論のポイント[12]

　「フロー」（Flow）の研究者の第1人者であるM.チクセントミハイ（Mihaly Csikszentmihalyi，元シカゴ大学心理学者）によれば，「フロー」とは「無我夢中で何かに取り組んでいるときの意識状態で，単なる集中以上に，それを体験した人に何か特別なことが起こったと感じさせる，心と体が自然に作用しあう調和のとれた経験，最適経験，楽しむこととも関係している」。わかりやすくいえば，「フロー」とは「人間にとって最も生産性の高い幸福感に満ちた精神状態」のことである[13]。

　チクセントミハイは，「フロー」な状態になるための条件として，概略，次のものを挙げている[14]。

　①組織の目標を明確にすること②社員に自由と責任を付与していること（信頼と自立性を軸としている）③挑戦（目標）とスキルのバランス，これら2つがその人にとり比較的レベルの高いものであること④客観的で公正な評価の存在つまり明確なフィードバック⑤公共の利益や社会的価値の創造に寄与しているという誇りや満足感が存在していること⑥金銭などの外発的報酬だけではなく，教育，訓練，キャリアプランニングなど内発的な報酬の獲得に結び付く用意があること。

4-2　職場での日本人幹部と外国人労働者間での心理的緊張感を
　　　和らげるアプローチ

　このアプローチを代表する典型的な考えはAmy C. Edmondsonが主張する「心理的安全」（Psychological Safety）のコンセプトである。ハーバード・ビジ

ネススクールで組織行動や心理学を専門とする彼女は「心理的安全」について次のような主張を展開している。[15]

- 定義：心理的安全とは，関連のある考えや感情について人々が気兼ねなく発言できる雰囲気を指す。ただし，このコンセプトは，メンバーがおのずと仲良くなるような居心地のよい状況を意味するものではない。プレッシャーや問題がないことを示唆するものでもない（境界を越えたメンバーに対しては責任を負わせる）。チームには結束力がなければならないということでも意見が一致しなければならないということでもない（155頁）。チームの結束性は異論を唱えることに対する積極性を弱めてしまう可能性がある。これが集団思考。
- 前提：信頼と尊敬，組織の目標の相互理解，仕事の意味や意義の理解（自分にとって仕事がよい変化を生むことを理解している）。
- 職場における対人リスク（3つの不安）：無知・無能だと思われる不安，ネガティブだと思われる不安，邪魔をする人だと思われる不安（注12の158頁）。一方，心理的安全は反対意見が期待されたり，歓迎されたりする雰囲気について述べている。反対意見に対して寛容であるために，生産的な話し合いと問題の早期発見が可能になる（155頁）。
- 心理的安全は個人の性格の違いによるものではなく，むしろリーダーが生み出すことができるし，生み出す努力をすべき職場の特徴により生じる（注15の161頁）。
- 心理的安全を醸成するためのリーダーの行動：①直接話しやすい，親しみやすい人になる②現在の知識の限界を認める③自分もよく間違うことを積極的に認める④部下の意見を重視していることを示し参加を促す⑤積極的リスクをとり，失敗した場合，それを許容し学習機会とするよう促す（失敗と向き合う）⑥具体的ですぐに行動に移せる言葉を使う⑦望ましいこととそうでないこととの境界を明確に示す⑧境界を越えたことについては責任を負わせる。
- 7つのメリット：①率直に話すことが奨励される②考えが明晰になる③意義ある対立が後押しされる④失敗が緩和される⑤イノベーションが促進される⑥目標達成に集中できる⑦責任の向上（注12の163～164頁）。

心理的安全性をリーダーが醸成するという努力は経営幹部と社員間の無用な緊張感を和らげ，かつ目標達成意識を向上させるという意味でも一考に値する。

この2つの考え方に近い対応で成功しているミャンマーでの日本企業の事例を以下，付言してみよう。

創業41年の中小企業M社は山口に本社を置き，交通安全施設，区画線工時を業とする。同社は立ち上げ準備に3年をかけ，2016年にミャンマーに進出（従業員6名）。現地での社員採用から始め，いくつかの困難を克服し（約束通り来ない運転手，予定通り届かない材料，ころころ変わる指示，予定通り払われない代金，火災，チームが壊れるなど），現在はいくつかの指標で見て成功の部類に入るところまで来ている。

同社の代表とのインタビュー及びシンポジウム[16]での報告内容から，同社の進出成功要因として次のような要因を挙げることができるとともに，そのうちの多くはフロー状態を構成する要因及び心理的安全を与える要因になっている。①日本と現地にNo.2を作り全権委任したこと（フロー理論でいう「社員に自由と責任を付与」に当たる。そのことで相互信頼感が生まれる（心理的安全を与えることにもつながる）。②人を解雇しないこと（人創りをしているとの経営者の自覚）このことは社員に心理的安全を与える。③理念が定まっていることとその社員との共有（フロー理論の組織の目標の明確化につながる）。④研修と教育，特に社員と共感しあえること（「社員の夢」実現の後押し）⑤経営者と社員双方の「心が喜ぶこと」×「得意なこと」の領域を仕事のゾーンとすることで，成功に向かうと「仕事は気持ちいい」という感じになったこと（心理的安全を与えることにもつながる）。

5 おわりに

これからの日本企業の経営者及び幹部には企業規模に関わりなく，また国内外に関わりなく外国人労働者をいかに育成・指導するかが企業成果を大きく左右することになる。その際，本稿で検討した異文化リスクへの効果的なマネジメントが強く求められる。そのポイントは第一に目に見えないマクロ的な国民的文化特性を理解するとともに，第2にミクロ的な社員個々人の価値観，生い

図表1-12　異文化リスクのマネジメント・プロセス

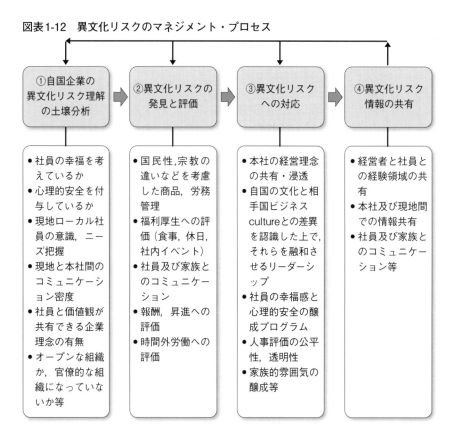

立ち，学歴，親からの影響など多様な要因を考慮することが重要である。そして何よりも重要なのは経営者の「社員の心理的安全性」と「幸福感」の醸成に関するリーダーシップである。

　リスクマネジメント・プロセスの視点では，すでにその概観は検討したが，さらに図表1-12にあるように各段階での各項目を踏まえた日本企業側の対応が重要となる。

[注記]
1）　ジェトロ（2019年3月）「日本企業の海外展開に関するアンケート」p.9。
2）　本章は次の論文に新たな事例を加えるとともに，新たな調査結果を加えて分析し，加筆修正をしたものである。上田和勇（2019）「ビジネスにおける異文化リスクのマネジメン

トーASEANにおける日本企業の経営リスクのマネジメントの在り方—」専修大学商学研究所『専修ビジネス・レビュー』Vol.14, No.1及び上田和勇（2020）「リスクのグローバル化とリスクマネジメント—ビジネス文化の国際比較とリスクマネジメントの方向性—」日本リスクマネジメント学会『危険と管理』第51号。

3）川端基大（2017）『消費大陸アジア』ちくま新書，pp.52 56。

4）関口智弘（2015）「中小企業の海外展開におけるリスクとその対応策－中国・タイ・ベトナム・インドネシアにおける法的リスクを中心に」『日本政策金融公庫　調査月報』N0.084, p.11.

5）古沢他編著2015年『新興国における人事労務管理と現地経営』白桃書房，p.32.

6）この事例は下記資料他を参考にしている。日経新聞2020/7/27, https://toyokeizai.net/articles/-/372926?page=3　東洋経済オンライン，2020年9月3日。

7）株式会社Asia Plus（http://asia-plus.net）による調査結果参照。

8）小島和海（2015）「日本企業で働くベトナム人労働者に対する労務管理について」高知工科大学論文，pp.4-5.

9）Geert Hofstede, Gert Jan Hofstede, and Michael Minkov, (2010), *Cultures and Organizations—Software of the Mind*, 3rd ed.
   - ヘールト・ホフステード（父），ヘルト・ヤン・ホフステード（息子），マイケル・ミンコフ，岩井八郎，岩井紀子訳『多文化社会—違いを学び未来への道を探る』有斐閣。
   - 宮森千嘉子，宮林隆吉（2019）『経営戦略としての異文化適応力』日本能率協会マネジメントセンターを参考に筆者が作成。

10）専修大学商学研究所主催の公開シンポジウム（2019年9月21日開催）におけるMatthew Allen（James Cook University）特任教授の見解。

11）9）の文献を参考に分析。

12）スーザン・A・ジャクソン，ミハイ・チクセントミハイ（2005）今村・川端・張本訳『スポーツを楽しむ：フロー理論からのアプローチ』*Flow in Sports: The Keys to optimal experiences and performances*, 1999, 世界思想社，p.6-7を参照にポイントのみを検討。

13）辻秀一（2008）『フローカンパニー』ビジネス社，p.3.

14）前掲ミハイ・チクセントミハイ（2008）第6章，及び潜同文子（2003）「知識労働者の時代における企業の経営戦略としてのフローの意義」，今村浩明，浅川希洋志編『フロー理論の展開』第5章参照。

15）エイミー・C・エドモンドソン（2014）『チームが機能するとはどういうことか』英治出版，pp.153-164。Amy C. Edmondson (2012) Teaming: *How Organization Learn, Innovate, and Compete in the Knowledge Economy*, John Wiley & Sonsの見解を筆者が一部まとめている。

16）2019年8月開催の専修大学大学院商学研究科と東京信用保証協会との共催シンポジウムでの報告内容及びインタビュー（2019年9月17日）。

［引用・参考文献］

上田和勇（2019）「ビジネスにおける異文化リスクのマネジメント―ASEANにおける日本企業の経営リスクのマネジメントの在り方―」専修大学商学研究所『専修ビジネス・レビュー』Vol.14, No.1。

上田和勇（2020）「リスクのグローバル化とリスクマネジメント―ビジネス文化の国際比較とリスクマネジメントの方向性―」日本リスクマネジメント学会『危険と管理』第51号。

川端基夫（2017）『消費大陸アジア』ちくま新書。

小島和海（2015）「日本企業で働くベトナム人労働者に対する労務管理について」高知工科大学。

関口智弘（2015）「中小企業の海外展開におけるリスクとその対応策－中国・タイ・ベトナム・インドネシアにおける法的リスクを中心に」『日本政策金融公庫　調査月報』N0.084。

古沢他編著（2015）『新興国における人事労務管理と現地経営』白桃書房。

ヘールト・ホフステード（父），ヘルト・ヤン・ホフステード（息子），マイケル・ミンコフ，岩井八郎，岩井紀子訳（2013）『多文化社会―違いを学び未来への道を探る』有斐閣。

宮森千嘉子，宮林隆吉（2019）『経営戦略としての異文化適応力』日本能率協会マネジメントセンター。

スーザン・A・ジャクソン，ミハイ・チクセントミハイ（2005）今村・川端・張本訳『スポーツを楽しむ：フロー理論からのアプローチ』*Flow in Sports: The Keys to optimal experiences and performances*, 1999，世界思想社。

辻秀一（2008）『フローカンパニー』ビジネス社。

潜同文子（2003）「知識労働者の時代における企業の経営戦略としてのフローの意義」今村浩明，浅川希洋志編『フロー理論の展開』。

エイミー・C・エドモンドソン（2014）『チームが機能するとはどういうことか』英治出版，pp.153-164。Amy C. Edmondson（2012）Teaming: *How Organization Learn, Innovate, and Compete in the Knowledge　Economy*, John Wiley & Sons.

Geert Hofstede, Gert Jan Hofstede, and Michael Minkov, (2010), *Cultures and Organizations―Software of the Mind*, 3rd ed.

第2章

東南アジアの華人系企業の文化的背景と企業行動の特徴[1]

1 はじめに

　経済成長に沸くアジアでは現地企業の勃興が著しい。かつて，植民地時代は宗主国として，第二次大戦後は西欧列強の直接投資による子会社がアジア各国の国内市場で大きなプレゼンスを示していた。現地商人は西欧列強の所有する現地企業と現地の市場をつなぐエージェント（仲介者，買弁）として，寄生あるいは協調し，共存共栄を図ってきた。先進国の多国籍企業の強みは資本と技術であるが，現地商人の強みは人的ネットワークである。このネットワークを通じて，多国籍企業には見つけることのできない市場セグメントや投資機会を見つけ，資金を融通し，相互にリスクをヘッジしていた。

　しかし，経済成長とグローバル化の進展により，そのような現地企業は現地の国内市場の成長を背景に逆に多国籍企業の現地展開をリードするようになり，さらには近隣諸国市場ばかりか旧宗主国への展開すら成功させてきている。本稿では取り上げないが，その中にはインドのタタグループのように旧宗主国の伝統的大企業を買収して，逆に自らの企業グループの傘下に置いてしまうものまで現れた[2]。西欧の多国籍企業のプレゼンスを現地大企業グループのプレゼンスが上回り始めたのは1990年代である。

　おりしも1990年代には東南アジア諸国連合（ASEAN）が安全保障を主目的とするグループから経済的利益の追求を主目的とするグループに変貌した[3]。地域内の自由貿易協定を成立させ，国境を越えたヒト，モノ，カネというビジネス資源の往来の自由化に踏み出した[4]。また，1992年の中国の改革開放政策の再起動，1995年のベトナムの米国との国交正常化とASEAN加盟，1995年のWTO（世界貿易機関）の創設や近年の二国間自由貿易協定（FTA）／経済連携協定

（EPA）の増加などさまざまなグローバル化への枠組みができていった。それらは結果として，東南アジア地域とグローバル市場を先進国の多国籍企業という媒介なしに，直接結び付ける契機になった。1997年～1998年のアジア通貨危機は，こうした動きに一時的な冷水を浴びせたが，これを東南アジア・南アジア各国政府は経済運営の洗練化への教訓とし，21世紀以降のアジア企業のグローバル化の流れを持続可能なものとして下支えしている。

　本稿では東南アジアの華人系企業に焦点を当て，その事業展開や事業承継などの動向を整理しつつ，それらの経営スタイルの特徴と変遷を展望する。

2 東南アジアの華人系企業の特徴

2-1　企業行動と事業承継における特徴

　東南アジアの現地企業といえば，すぐ念頭に浮かぶのが，中国系の華人企業，いわゆる華僑企業やインド系の印僑である。この他にフィリピンにはかつてフィリピンを植民地としたスペイン人の末裔によるスペイン系企業がある。英国がかつて植民地とした香港（現在の中華人民共和国香港特別行政区）には，土着化した英国系企業が存在する。また，イスラム国家であるマレーシア，インドネシアにはアラブ系企業がある。しかし，東南アジア各国の現地人側から見ればこうした企業はむしろ，少数派である。ルーツを持つ中国大陸やインドなどの文化的背景への固執と継承にこだわる姿勢とも相まって，現地人とは一線を画しながら存在しているという意味で一種のビジネス界での「エスニック企業」あるいは「クロスカルチャー企業」と呼べる企業といえよう。この他に東南アジアでは国営・国有企業も特定業種に限ってではあるが，大きなプレゼンスを持っている。これはかつて，アジアの近現代史におけるいわゆる「欧米列強」の植民地となった歴史的背景から，東南アジアの各国政府が外国資本から国家の基幹的産業を守ろうとする意図で育成してきたものである。

　「クロスカルチャー企業」の経営管理上の特徴は，そのほとんどが家族経営であるということである。大企業グループになっても依然として零細・中小企業時代のファミリービジネスと同じような企業統治形態を維持しているといって

よい。創業者は特定の事業で成功すると，次第に関連分野に事業を拡張し，企業グループを形成する。やがてその息子や娘にそれぞれの事業分野を担う子会社の経営を任せる。「経営修行」である。創業者が引退する際には「本家」である基幹企業を含めて，企業グループの各社をそれぞれの子どもに配分し，譲渡するのである。必ずしも長子に基幹企業を譲渡するわけではない。タイのCPグループは4男に事業の大半を譲渡している。家業であるグループ企業を最も発展させる能力があると見込まれた子どもに経営の全権を任せるという事業承継の仕方である。ただ，後継者は必ずしも現在の経営トップの子どもの中だけから選ばれるわけではない。適当な該当者がいなければ，直系のみならず傍系にまで，すなわち一族全体にまで視野を広げて選抜する場合もある。例えばインドのタタグループはペルシャ（イラン系）のゾロアスター教徒の系譜に連なるがゆえに改宗したり，異教徒と結婚してゾロアスター教徒でなくなったものに対しては事業承継をさせない。このように一族の文化的背景を維持できるということも後継者としての重要な要素である。タイのセントラル・グループも一族に適格者がいないという問題に直面し，世界各国から「プロの経営者」を招聘するという方向に進んでいる。一族は企業の「所有者」として君臨するが，「経営者」としては一歩退くという方向に進んでいるように見える。このようにアジアのファミリー企業は日本のファミリービジネスの事業承継とは大分考え方が違う。

2-2　不動産と金融ビジネスとの親和性という特徴

　華人企業において特徴的であるのは，必ずといっていいほど，事業が発展していく過程で不動産業に展開することである。歴史的に東南アジアは人口が増加している地域であるが，加えて山間部，島嶼部も多いから，限られた平地で交通網が比較的整備された地域における土地への需要は底堅く，価格は右肩上がりとなってきた。基幹ビジネスで蓄積した資本を土地開発事業に投じ，オフィス，ホテル，マンション，小売店舗等に賃貸もしくは分譲することによる利益は大きい。ここで得た利益は次なる新投資分野に用いられるのである。これは東南アジアにおいては金融機関からの借り入れが難しく，借りられても金利が著しく高いという伝統的な金融環境がある。ましてや「よそもの」である他

国にルーツを持つ経営者に政府系銀行や欧米系の銀行が融資してくれる可能性は低い。もちろん，現在では華人系の大企業グループは自ら金融機関経営に乗り出すところまでステータスが高くなっているから，自らの金融機関で市中から預金等資金調達を行い，事業拡大の資金を自らの事業会社に融資できるようにまでなっている[6]。したがって，かつてのような資金に関する不自由さはなくなっているが，祖国から渡ってきて商売を始めて間もない時代には資金の工面に困難を感じ，仲間内で融通し合わねばならなかった。いわゆる，「仲間内金融」，「未組織金融」，「インフォーマルファイナンス」などと呼ばれたものである。このように，資金を専門的な商業銀行から借りようとせず，仲間内や自らのグループ企業内で融通するという「習慣」は大企業に発展した現在に至っても残っていると筆者は考える。すなわち，客観的な審査基準で融資を決めるというよりも，人脈や信用で融資を決めるというスタイルである。内部でのこうした循環融資はともすれば経営判断に必要な投資収益率の正しい姿をゆがめる。これに家族経営という意思決定の不透明さが加わり，欧米の投資家にとってはリスクファクターと映る。

　ただ，こうした面での改革，すなわち，投融資の透明性の向上は2代目以降の経営者は欧米留学組が多いためか，進んでいるようである。もっとも事業の多角化とグローバル化に伴って，必要となる資金量は拡大し，仲間内金融から株式市場への上場（株式公開）によって新株を発行し，一般の金融市場から資金調達せざるを得ないため，企業運営の透明化を図る上記のような改革は不可避であろう。しかし，株式公開後も依然として，持株会社を設立して，それを非公開企業のまま維持したり，長期に亘る「経営代理契約」を通じて，事実上持ち株比率に応じた決定権を外部株主に付与しないようにしたりするケースも散見される[7]。ファミリービジネスという形を維持することとの二律背反（トレードオフ）関係をどのようにバランスをとっていくのかが注目点である。

2-3 「政治との距離」という身の守り方

　東南アジアの「エスニック」企業にとって，現地政権との関係は難しい。特に現地経済に強い影響力を持つ華人系企業にとって，現地の権力者は庇護者としておかねばならない存在である。なぜなら，華人国家であるシンガポールや

伝統的に華人に対して融和的なタイを除いて，一般的に現地社会は華人に対して反感を抱いているからである。現地人にとって，植民地時代は抑圧者たる西欧列強の植民地政府の代理人となって事業を拡大した華人に対する印象は伝統的に芳しいものではない。また，独立以降も権威的な政府との緊密な関係を築き，その庇護のもとに独占的な事業に従事することもあった[8]。すなわち，一貫して「政商」的な存在であり続けているのである（もちろん，政治から距離を多くことをポリシーとしている華人企業もある）。

　加えて，現地人から反感を買うもう1つの原因としては異文化的な背景もある。かれらの中国文化に対する強い固執から，幼少期の子弟を中国の出身地の学校で教育したり，華人の閉鎖的なコミュニティを持ち，その中での活動も多いということもあろう[9]。東南アジアではインドネシア，マレーシアというイスラム国家があり，また，カソリックが多くを占めるフィリピンにおいては戦後もしばしば，現地社会との摩擦が起きている。ただ，新しい世代は現地の国籍を取り，現地語についてはネイティブスピーカーである。また，欧米に高い教育を受けに留学しているケースが多いため，英語を介してグローバルな人脈を持つとともに，現地社会や欧米諸国の価値観を尊重するようになってきている。さまざまな価値観を受け入れることができる新世代の存在は華人の現地社会への融和化や同化をいっそう進めている[10]。

3 東南アジアの華人ビジネスの系譜

　東南アジアへの華人の流出の起源は諸説あるが，中国大陸の明，清王朝時代に遡るといわれる。その主な理由は貧困と戦乱からの逃亡，出稼ぎである。特に沿海部の南の地域である福建，潮州，広東地方，海南島の出身者，そして南部山岳地帯にルーツを持つ客家と呼ばれる集団が多い。その中でも現在の広東省に属する広州，珠海，順徳，中山などの珠江三角州地帯の都市からの移民が多い（図2-1の網掛けの部分）。彼らは合法的あるいは非合法に中国大陸を出国した。かつて，こうした移民は「棄民」としての扱いであり，公には禁止されており，その数も限定的であったと推測される。東南アジアを含めた世界各国への移民が本格化したのは19世紀に入ってからである。シンガポールの華人商

人の実態調査をした須山卓，日比野丈夫，蔵居良造（1977）の業績からやや長く引用すると以下のような事情である。

「中国の歴史の流れのうちには華僑輩出の波動的現象がいくつか見られる。1860年10月，イギリスとの間に締結された北京条約は，それまで禁止されていた中国移民の海外への出国を認め，初めて海外移住が正式に認められる契機になったといわれるが，北京条約にすぐ次いで，中国人の海外移住の最大の契機になったのが，バーリングゲーム条約である。これは1858年に結ばれた天津条約の批准に伴い1868年ワシントンでアメリカと清国との間に結ばれた追加協定である。この協定によれば清国政府は，『臣民がその居留地と臣民義務とを変更するという，固有にして，かつ奪うべからざる権利，及び両臣民が，それぞれ他の国へ見聞または商業経営のため，あるいは永住者として自由に移住し，出稼ぎすることの相互に得策なることを衷心より是認する』としている。ここに初めて中国人は，海外への移住を中国（清）政府によって認められることになり，移住の規定は実質的に破棄される結果となった。……（中略）……この結果19世紀後半以降，中国人の海外移住は，急激に増加し始めたのであるが……（後略）。」[11]

こうした移民はアヘン戦争以来，英国の支配下にあった香港を経由して東南アジアに，徒手空拳で出ていったことで増加した。「労働契約」を結んで合法的に大陸を後にした人々は，出稼ぎ先で運がよければ同じ出身地の先達の助けで仕事にありつけたが，契約をよく読めない中でサインした内容が南米での過酷な労働であり，現地に到着するまでに劣悪な船中の生活の中で命を落とす者も多くいたという。渡航先で同じ出身地の先達を訪ねて，取り敢えず，住居をあてがわれた幸運な者たちは，その先達の仕事を手伝ったり，その紹介で別の仕事を始めて，その稼ぎの中から貯金しては故郷の家族に送金したりするのである[12]。そして，やがて自らが経営する事業を起こし，「故郷に錦を飾る」ことを夢見て」成功した華僑は荷役作業や建設労働などの重労働で資金を蓄積し，やがて多額の初期投資を必要としない商取引に関わっていく。すなわち，小売り，卸売り，物流などである。小売りは都市部で食べ物を売る屋台を引くことから始めるのであるが，そこは競争の激しい場所でもあり，大きく儲けることは難しい。ゆえにやがて，津々浦々の農漁村に行商として展開するのである。津々浦々の農民，漁民にとって，もの珍しいものを持ってくる華僑の行商人の来訪

図表2-1　中国における五大華僑グループの出身地域

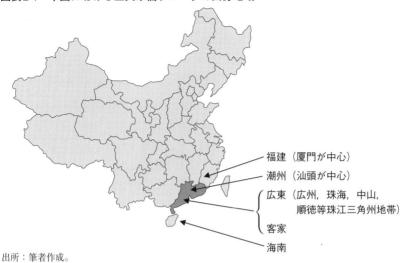

福建（厦門が中心）
潮州（汕頭が中心）
広東（広州，珠海，中山，
　　　順徳等珠江三角州地帯）
客家
海南

出所：筆者作成。

は大きな楽しみである。都市住民と比べて，現金を持っていることは少ないが，彼らは農産物，海産物での支払いはできる。行商の華僑は都市部に戻って，それを売りさばき，現金に換えるのである。農産物がまだ収穫の時期に至ってない場合は，利子を付けて収穫時に受け取る。「掛け売り」である。こうして零細ではあるが高利の金融業も営むようになる[13]。

　成功した華僑の行商人はやがて，取引高が大きくなるにしたがって，こうした荷を運ぶための物流業にも仕事を拡張する。また，自ら商品を製造する工場を持つようになるのである。この時，工場は平屋である必要はない。狭い土地でも２階建て，３階建てにすれば自らが使用するフロア以外は他の工場主に賃貸できる。そして，工場の土地と建物に対しての投資資金は早期に回収できる。最下層から，のし上がって成功した華僑商人は必ずといってよいほど，その資本蓄積過程で不動産業に関与している。

　特に彼らにとって幸運であったのは，19世紀の東南アジアは西欧列強諸国の植民地化の過程にあり，イギリスによる香港，シンガポール，マレーシアやフランスによるベトナム，ラオス，カンボジア，オランダによるインドネシア，米国によるフィリピンでは人口の増加が起こっていたため，土地価格は常に値

上がり基調にあったからである。賃貸による毎月の現金収入の他に，保有して
いる工場の土地価格は上がり，所有権を転売すればキャピタルゲインになる。
転売しなくとも，金融機関が喜ぶ価値ある担保として，事業資金の融資を受け
やすくなるのであろ。

　こうして，地域の津々浦々を知り尽くし，勤勉な華僑商人を西欧列強の現地
総督などの支配者層は見逃すはずはなく，植民地統治機構の補助者として組み
込んでいく。華僑の成功者たちは西欧列強の東南アジアへの資本進出の代理人
（エージェント，買弁）として，権力機構の中に重要な地位を占めるまでになる
のである。東南アジアへの広範な移住・定住（世界の華僑の90％弱が存在）が
見られる歴史的な背景はこのようなものである。

4 東南アジアや欧米へのビジネスの橋頭堡としての香港と台湾

　以上が徒手空拳で成功者に成り上がる華僑の典型的なパターンであるが，1949
年に中国大陸で共産主義政権が成立すると，国外への移民が増加していった。
これらの人々の中には貧しさから逃れるために中国国外に渡航する者だけでな
く，大陸の大商業都市，上海や寧波の大商人（こうした大商人はすでに大陸で
成功を収めていたのであるが）も混ざっていた。特に英国領であった香港や国
民党政権となった台湾に移り，ビジネスを継続していったのである（図表2-2
及び図表2-3）。例えば，この頃，香港に移り，やがて香港最大の企業家となっ
た長江実業の李嘉誠氏の経歴は以下のようなものである。[14]

　中国の広東省潮州出身だが客家系ともいわれる。父親が亡くなり，13歳頃か
ら学校をやめて働かざるを得なくなった。最初の仕事は茶楼での給仕で，その
後，親戚の時計店や金物店で働いた。1950年，自分の貯金と親族，友人からお
金を借りて約6,500米ドルで「長江塑膠廠」を設立。プラスチックを製造する会
社で，最初は石鹸入れなどを作っていた。プラスチック製品製造（1950年代）
から不動産に進出後急成長（1970年代）。さらに英国系企業買収などを通じて，
事業多角化。港湾，製造業，商社，通信事業進出（1970年代～80年代），香港
最大の大企業グループを所有・経営するに至り，その後，「改革開放政策」を推

進した中国政府とも良好な関係を築き，中国大陸におけるインフラ開発など巨大投資案件に深く関与するようになった。もっとも，同氏は最近は中国政府とも疎遠になっているというが，大陸から「食べるために」出かけてきた華人ビジネスマンの典型的な成功物語といえる。

また，恒基兆業の李兆基氏の半生は次のようなものである[15]。

1928 年，中国広東省順徳の生まれ。教育制度が整っていなかった当時地元の個人塾で学ぶ。父親は広州で高利貸し（のちの銀行業）を行っていた。父親の仕事を観察し，ビジネスというものがどんなものか，子どもながら理解するようになっていく。のちに，学校を卒業し，父親のもとで働く。雑用係から始まり，特別な待遇を受けることなく，高利貸しについて学んでいく。すべてのことにお金が必要なことを実体験で学ぶ。

やがて，中国大陸の国共内戦が激しくなり，1948 年高利貸しが続行できず，父親と共に香港に移住。香港ドルと中国の通貨との両替を熟知し，路地裏で，両替及び金の売買を開始。さらにマカオで金売買において大きな成功を収める。友人と 1 人 100 万香港ドルの出資で，資本金 300 万香港ドル，従業員は十数名の企業を設立。他社が行っていないことに目を付ける。多くの開発業者が，ビジネスエリアや工業地，さらには大型住宅の開発を手掛ける中，彼らが手掛けたのは，中小住宅の開発である。不動産業界において経験を積み，しっかりとした基盤を築き上げた。

1972 年に 1 元の株価が 17 元に急上昇した折，大きな利益を上げた。しかし，翌 1973 年 3 月，香港株式市場が大暴落，不動産価格も急落。前年，巨額の利益を上げていた彼は，すかさず古いビルや価格の下がった土地を次々に購入。その後の香港の不動産バブル期に多額の利益を上げた。恒基兆業有限会社を株式上場，10 億香港ドルの資金を得る。その後，不動産業に加え，香港タイヤメーカーや中国ガス企業への投資で巨大企業へと発展した。台湾でも国共内戦により，大陸から移ってきたいわゆる「外省人」系の大企業グループがある。

こうして，香港，台湾や東南アジアで成功した華僑商人のその後の運命はさまざまである。独立を維持したタイでは華僑はやがて現地のタイ人との混血化が進み，現地と融合した。また，中国籍で移住してきた世代（いわゆる「華僑」）から現地の国籍を取った世代（いわゆる「華人」）へのタイ国籍への帰化

図表2-2　英国領香港時代に発展した香港の華人系企業

企業グループ名 （創業者）	事業発展の推移
長江実業 （李嘉誠）	中国の広東省潮州出身だが，客家系ともいわれる。父親が亡くなり，13歳頃から学校をやめて働かざるを得なくなった。最初の仕事は楽楼での給仕で，その後，親戚の時計店や金物店で働いた。1950年，自分の貯金と親族，友人から金を借りて約6,500米ドルで「長江塑膠廠」を設立。プラスチックを製造する会社で，最初は石鹸入れなどを作っていた。プラスチック製品製造（1950年代）から不動産に進出後急成長（1970年代）。さらに英国系企業買収などを通じて，事業多角化。港湾，製造業，商社，通信事業進出（1970年代～80年代）。その後，中国大陸におけるインフラ投資に展開。2人の息子に承継。長男は中核事業を守る。次男は情報通信等新分野の事業を展開。
會徳豊 （ウイ-ロック）・ 九龍倉（ワーフ）・ 包玉剛（Y・K・ パオ）	上海にルーツを持つ。海運業で成功（1950年～70年代）。不動産やコンテナターミナルを運営。英系商社，百貨店等を買収して多角化（1980年代）。その後，有線テレビや通信事業に展開。1990年代からは中国大陸において不動産開発事業に注力。女婿の呉光正（ピーター・ウー）氏が引き継ぎ，家族経営を強める。
新鴻基 （サンフンカイ） （郭得勝）	香港の不動産最大手の1つ。ホテル，不動産に特化して事業を展開。創業者の長男が2008年に表面化した内紛で，2人の弟に事実上トップの座を追われた。 2014年に創業者，故郭得勝氏の夫人，鄺肖卿氏が保有する同社株を3人の息子に均等に割り振ることなどで郭氏一族が「友好的な合意に至った」（日経2014年1月28日）。
恒基兆業 （李兆基）	中国広東省・順徳出身。香港の不動産最大手の1つ。中間層向け住宅にターゲットを絞って成功。タイヤ製造や中国ガス企業への投資で大企業に発展。
新世界発展 （鄭裕彤）	中国広東省の出身。戦後，現在の周大福珠宝集団での奉公から身を起こし，同社を宝飾品販売大手に育成。その後，不動産，ホテル，コンテナ運輸，通信・放送に展開。1970年に新世界発展を創業した。香港・中国本土で不動産，インフラ，百貨店など事業多角化。2012年に主席職を長男の鄭家純氏に譲った。
恒隆 （陳啓宗）	不動産で成功（1960年代）。小売り，食品に展開。地下鉄沿線で地域開発に注力（1980年代）。日本のクリーニングチェーン，白洋舎との提携は有名。
合和実業 （胡応湘―2代目）	建設業が祖業。その後，早い時期からエネルギー，交通運輸等インフラ事業に注力することで有名になった。香港―広州高速道路（1994年開通），深圳の沙角C発電所（1995年）等，民間資金でインフラを運営する手法（PFI）を積極的に採用。東南アジア（フィリピン，インドネシア，タイ）で発電所，高速道路，高架鉄道などを手掛けたが，タイの高架鉄道は1997年のアジア通貨危機で撤退。

出所：小林守・松尾貴巳・田幸大輔「香港返還―97年問題と今後の香港シナリオ」日本能率協会マネジメントセンター，1995年及び日経新聞等の報道から筆者作成。

図表2-3　台湾の国民党政権時代に発展した大企業グループ

企業集団	事業発展の推移
遠東グループ	第二次大戦後，1949年に中国大陸に中国共産党の中華人民共和国が成立した際に国民党政府とともに上海から移転。この時のトップは江蘇省出身のシィ・ヨヤン氏。祖業である紡績から百貨店，運輸，建設，銀行，証券と事業を拡大した。
裕隆グループ	上海から台湾に移転。1949年に上海に保有していた機械設備を台湾に移設して創業。紡績から自動車製造に展開。この時のトップは江蘇省出身の厳慶齢・呉舜文夫妻。裕隆汽車，中華汽車を設立し，日産自動車，三菱自動車と提携して，乗用車だけでなく商用車まで手掛ける「自動車財閥」になった。
台塑グループ（台湾プラスチックグループ）	本省人（台北県出身）の王永慶・王永在兄弟によって創業。貧しい家に生まれ，米屋の下働きから始めて精米所を経営し，やがて建設資材（レンガ，木材）へと事業を拡大した。やがて，台湾に民間企業育成の気運が米国の後押しで醸成されると1964年に化学分野（ポリ塩化ビニール）に進出し，この分野を基盤に半導体製造等さらなる事業展開を行って成功した。米国や中国大陸への投資にも積極的である。王永慶氏は「台湾の松下幸之助」ともいわれる。
霖園グループ（旧国泰グループ）	1980年代から急成長し，金融・保険，建設に展開。中心企業は国泰生命保険（国泰人寿），国泰建設。保険業によって得た資金で不動産分野でも大きな資産を保有している。創業者は蔡萬春（第十信用組合創業者）・蔡萬霖（中核企業の国泰人寿創業者）・蔡萬才（富邦産業保険創業者）の3兄弟。台湾の竹南の貧しい農家に生まれ，野菜の行商からスタートした立志伝中の兄弟。
永豊餘グループ	台湾・台南で紙パルプの家業を拡大し，金融・電子部品・不動産などに進出。紙パルプの原料輸入の必要性から海外展開に積極的で，1970年代からインドネシア，タイ，カナダへと多額の直接投資を行っている。こうした拡大は2代目何寿川氏（台湾大学卒業後，米国留学の機械専門家）によって進められた。
大同グループ	家電，電子部品等エレクトロニクス分野で成長。創業者は台北市出身の林挺生氏。従業員の経営参加（社員持ち株制）など労使協調型の経営を行ってきた。技術者育成のために大動工学院を設立し，卒業生を雇用することで著名である。
和信グループ	創業者は台湾・彰化県出身の辜振甫氏。台湾セメント，中国信託商業銀行，中国合成ゴム等金融や化学分野が強いグループである。辜振甫氏は米国，日本，韓国，豪州などの経済交流では必ずリーダー的な存在として活躍することでも知られている。中国側との台湾の政治的な窓口である「海峡交流基金会」の会長も務めた。

出所：小林伸夫「台湾経済入門―21世紀への飛翔」日本評論社，1995年及び浅海信行「韓国，台湾，中国企業の成長戦略」勁草書房，2008年。

も進み，現地社会との軋轢はそれほど深刻ではない。フィリピンでは帰化はあまり進まず，しばしば反華人運動が起きている。[16) 人口の約3分の1を華人が占めているマレーシアでは「ブミプトラ政策」（マレー人優遇政策）によって不利な社会的立場に苦しんだ。最も激しい反華人運動が起きたのはインドネシアである。華人商人は現地政権との癒着があったゆえに政権の動揺期には反政府運動が容易に反華人運動につながった。フィリピンでも同じような傾向にあったが，インドネシアでは大規模かつ複数回に亘って，激しい暴動となった。以下，第4章においてタイ，インドネシア，フィリピンにおける華人の大企業グループについて概観する。

5 タイの華人系企業グループ

タイの華人系大企業グループは金融グループ，アグリグループ，製造業グループ，サービスグループに大別される。グループの中核事業を担う会社がどの分野に属しているかによってこう呼ばれるのである。東南アジアにあって，シンガポールについで華人に融和的なタイ社会にあっては，多くの華人が中国からきた。以下，主要な華人企業グループの企業統治の背景と動向を述べる。

CP・グループ：

タイ最大の華人企業グループであるCP（チャロン・ポカパン）のトップ，タニン・チャラワノン氏は「1860年に汕頭（スワトウ）が対外貿易港として開港するとたくさんの潮州人が新天地を求めて英領だった香港，タイなどの東南アジアに雄飛していった……（中略）……1919年前後に父は親戚を頼りにタイに渡った。タイは中国人労働者の移民を積極的に受け入れる政策を取り，多くの潮州人がタイに向かった。現在のタイの人口の1割強，700万人以上とされるが，その多くは潮州人の子孫だ，タイは東南アジアで欧米列強の植民地にならなかった唯一の国でもある。外国の大企業がのさばっておらず，父はチャンスがあると考えた」と述べている。[17)

こうした経営環境のもとタイの戦後の経済発展とともに華人企業も発展した。

図表2-4　CPグループの発展略年表（1980年代前半〜2010年代前半）

年	主な出来事
1983	創業者謝易初氏の四男タニン氏経営改革を実施。CPに事業部制導入。
1985	中国における二輪車製造開始。石油化学事業へ進出。
1986	米国食肉加工オスカーメイヤー社と合弁事業開始。
1988	明治乳業，オランダ流通大手マクロ社との合弁事業開始。タイでセブンイレブンと合弁事業開始。中国海南島でベルギー企業と石油化学プロジェクト。中国にてトラック生産事業開始。タイ国内電話敷設事業開始。
1990	種子・肥料，農畜産物加工，養殖えび，貿易，小売流通，石油化学，不動産開発，自動車・機械。
1992	中国の国有通信社と衛星打ち上げ事業に成功→香港にて携帯電話事業開始。
1994	電機・通信，石油・発電，加工包装食品の11分野における事業を経営。
1998	アジア通貨危機で大きなダメージ。本業のアグロインダストリーの再編・強化。
2014	小売業中心に外資系企業との提携に主眼を置く。中国ビジネスに回帰し，自動車生産事業にも参入。 伊藤忠商事，中国CITICと包括提携。

出所：末廣昭，南原真（1991），渡辺利夫，今井理之（1994）等にもとづき筆者作成。

だいたいにおいて中国から渡ってきた初代の始めた祖業に近い分野からビジネスをはじめ，多角化する形で成長した。CPグループの祖業は種苗から始まったアグリビジネスである。最初は先代がタイの首都，バンコクのチャオプラヤー川の近くで小さな種苗店を営み，種もみを購入しに来た顧客からの作物の育成についての相談を受けながら次第に顧客を増やしていったという。つまり，種子・肥料，農畜産物加工から始まって，貿易，小売流通と展開してきたのである。アグリグループの企業と呼ばれるゆえんである。現在では同グループの中核企業は小売業のCPオールでタイのセブンイレブンの経営が有名であるが，グループ全体では種子・肥料，農畜産物加工，養殖えび，貿易，小売流通，石油化学，不動産開発，自動車・機械など，11分野にわたる幅広い事業領域に展開している一大財閥である。

　その後，1997年〜1998年のアジア通貨危機で，タイ国内の深刻な不況に直面すると，過剰債務，金融機関の不良債権処理と貸し渋りで経営は悪化する。タイ政府は銀行・企業との癒着構造を断ち切るため，企業グループにコーポレート・ガバナンスの確立を求めた。この結果，それまで閉鎖的なファミリービジ

ネスを展開していた華人企業等の財閥は消滅や解体，縮小した。生き残りに成功したのは成長産業に事業を特化させ，かつ専門経営者の登用にも積極的な開放型の企業や，「選択と集中」によって債務削減とコア・コンピダンス強化を行い，事業基盤をグローバル化させることに成功した企業である。

　CPグループもグループ内を縮小再編成したが，その後拡大路線に戻り，現在では外資系企業との提携を重視し，石油化学，不動産開発，自動車・機械なども手掛けている。中国の国有系大企業CITICや日本の伊藤忠商事との提携が代表的なものである。こうしたグループの国際提携路線の進展に伴って，ファミリービジネスのガバナンスをいっそう透明化しようと経営改革を進めており，従来よりも家業的な要素が縮小している。図表2-4は同グループが急速なコングロマリット化，国際化を始めた1980年代以降の年表である。タニン氏が築き上げたこの「CP帝国」をどのように継承するのかに関心が集まっている。華人企業の伝統的な特徴であるファミリービジネスを徹底して継続していくのか，それともグループ統治の中枢においても外部人材の起用を行っていくのかが焦点である。今後の事業承継について，タニン氏は今後，一族以外の人材にグループ全体の統治を任せる可能性もあると語っている。

セントラル・グループ：

　デパート王の異名を持つ海南島系の華人大企業グループである。タイ最大の小売り・サービスの企業集団である。1947年に開業したGMS（総合スーパー）を起源とし，1957年のセントラルデパート開業以来，ショッピングセンター，SM，CVS等小売業態を中心に事業を拡大してきた。この他にホテル，外食チェーン，不動産事業も展開している。日系企業との国際提携では住友商事との合弁によるテレビ通販会社をはじめ，コンビニエンスストアのファミリーマート，[18] 外食チェーンの大戸屋やミスタードーナツ，日用品チェーンの良品計画，シュークリームショップのビアード・パパ，100円均一ショップのワッツ等との提携が知られている。近年，セントラル・グループはその事業承継に伴い，外部人材を招聘しつつ分権化をはかる動きも見せている。

コラム：セントラル・グループとCPグループの事業承継と分権化

　タイ最大の小売り・サービスの企業集団であるセントラル・グループでは，一族200人を超える人材がグループ事業に携わり，その多くがバンコクの自宅で共に暮らし，事業についても家族会議として議論するという典型的な同族経営を行ってきた。しかし，少子高齢化などにより，グループが海外へと目を向け，事業領域も広がると幅広い知識や経験を持つ幹部人材の不足が顕在化し始めたため，2013年にグループCEOに就いたトッス・チラティワット氏は創業家と外国人を含む外部人材を融合させる経営のプロ化戦略を推進した。2014年，グループ資産の約7割を占め，タイ人消費者向けのモールを長く手掛けるセントラル・パタナ（CPN）のCEO人事では，一族ではなく，かつて買収した国内百貨店でCEOを務めたプリーチャ・エックナグン氏を抜擢した。また，グループCOOには米大手コンサルティング会社マッキンゼーのコンサルタントだったイタリア人のニコロ・ガランテ氏を，ベトナム現地法人のCEOには仏カルフール出身のフランス人，フィリップ・ブロアニーゴ氏を招聘した。

　こうした外部人材起用を契機として，CPNはマレーシアにおいて，国外初のショッピングモールを開設したほか，首都バンコクの空港近隣にタイ初のアウトレットモールを開業するなど，外国人観光客の獲得と周辺国への出店という積極策に動いた。また，ベトナム市場でもブロアニーゴ氏の下，22年までにスーパーや専門店の店舗網を現在の約3倍の750店に広げる計画があるほか，ガランテ・グループCOOはネット通販への対応と，店舗とネットを融合させるオムニチャネルの実現に大きな役割を果たしたという。現在，グループ経営は長期の経営プランやポートフォリオ（事業構成）の見直しのような大方針を創業家が依然司令塔として握るものの，グループで9つある事業部門のうち，一族がトップを務めるのは3部門に減り，残り6部門のうち4部門に国外出身者が抜擢されている（飯山2019）。

　また，後継者として長男ら息子2人と孫2人の名を挙げ，この4人を軸にグループの承継を進める考えを明らかにしたCPグループのタニン上級会長も日本経済新聞社の催しで「（米ゼネラル・エレクトリックを立て直した）ジャック・ウェルチ氏のような人材を育てたい」と語るなど，米国流の経営手法を取り入れて経営を変革する意欲は強いとされており，実際，三男のスパチャイ氏が務めるCEOのポストについては「一族に適切な人材がいなければ，外部の人に任せることもあり得る」とインタビューで語っている（日経2019及び小平2020）。

　このようにタイの財閥において，長期的な視点に立って経営全体を統括する創業家のもとで，外部のプロの人材が実際に事業を行うという混合型の財閥スタイルを目指そうとしており，一部はすでに実行に移されているわけだが，個人の感想としては，創業家と外部人材の意見の対立の際にはどのようにして乗り越えるのか，またプロ経営者がかつての創業家と同じような大胆な施策を事業で行えるのか，業績が下向いたときに創業家が統治する正統性は確保できるのか（外部人材から突き上げられないか）など，多くの解決すべき課題が残っている。

出所：小林慧「タイ華人の事業承継の現状に関する一考察」2020年10月より抜粋。

サハ・グループ：

　「消費財王」の異名を持ち，日用品等消費財製品の製造販売が中核事業である。この他に工業団地運営，卸売・小売，外食チェーンに展開している。日系企業との国際提携では外食チェーンの上島コーヒー，コンビニエンスストアのローソン，加工食品の日清食品，ドラッグストアチェーンのツルハドラッグと合弁企業を設立して展開している。日本企業との共同事業（合弁企業）は80社を超える。サハ・グループが日本企業と縁が深いのはグループ会長であるブンヤット・チョクワタナー氏の経歴にある。1955年18歳で来日し，雑貨問屋を興した父親に代わり大阪で商品買い付けを行った。1962年にはライオンと粉末シャンプーの合弁企業をタイに設立し，さらにワコールの女性下着，キューピーのマヨネーズ，ミズノのスポーツ用品，ローソンのコンビニなど日本，特に関西の日用品メーカーと合弁企業を拡大し，成功した。タイに日本の消費文化を持ち込んだ先駆者ともいえる。「相互信頼を重んじる点で日本の方が東南アジアの文化に近い」とブンヤット氏はいい，日本企業に対する信頼感と期待は依然大きいが，最近は中国企業や韓国企業との合弁企業も手掛けるようになってきた[19]。

　コーポレートガバナンスの観点からは持株会社の上場等を通じて最も透明性の高い華人企業グループであるといわれている。

ブンロート・グループ：

　有名ビールの「シンハー」ブランドを展開する1933年設立のビール醸造会社大手である。ビールに特化して事業を拡大してきた。ビール瓶製造のガラス会社，運搬用プラスチック・ケースの製造会社，原料である大麦の栽培農園，モルト工場などを買収や出資によって次々にグループ内に取り込んできた。飲料水の製造販売など飲料メーカーへの拡張も推進しているが，本業のビール醸造が事業の中核であることが特徴的である。日本企業との国際提携の事例としては東洋製缶との合弁によるビール瓶の王冠製造会社が挙げられる。

ラムサム・グループ：

　広東省梅県出身の客家系華人，チョート・ラムサム氏が1945年にタイ初の客家系銀行として設立したタイ農民銀行が起源である。チーク材の取り引きや精米事業で資産を増やした。保険，IT事業も展開している。中核企業のカシコン銀行（タイ農業銀行の後継銀行）のタイ国内支店数は1,100店舗以上。このほか国外16か所に拠点を持つ。日本の商業銀行とも多く業務提携を行っている。

TCC・グループ：

　潮州系華人企業で設立は1960年といわれており，比較的歴史の浅い華人の企業グループである。当初は国営ウイスキー醸造所の原材料卸商人であったが，1985年に政府からウイスキー醸造事業のライセンスを取得し，事業拡大のきっかけを作った。1991年にはデンマークの世界的ビールメーカー，カールスバーグと提携し，ビール製造事業に展開し，ここで製造した低価格ビールを自社ウイスキーとセットで販売し，瞬く間にシェアを拡大したという成功談が有名である。その後，飲料水事業，外食事業へと事業を多角化している。日本企業との国際提携ではホテルオークラやドラッグストアチェーンのココカラファインとの提携が知られている。

　もちろん，タイの大企業グループがすべて華人系であるわけでなく，非華人系の大企業グループもある。サイアムセメント・グループがその例である。サイアムセメント・グループはデンマーク人が創設に関わり，1913年にラマ6世の命を受けて，タイ資本のもと設立された。タイ最古の建設資材製造業メーカーといわれている。その名の通り，セメント，建設資材，鉄鋼の製造が中核事業である。所有はタイ王室財産管理局となっている。デンマークからの技術・経営ノウハウにより，事実上の国家独占事業として建設関連資材事業を展開してきたが，1975年の株式上場で持株会社に移行した。しかし，その後も「王室財産管理局」が筆頭株主となっている。日本企業との国際連携では農業機械のクボタ，自動車のトヨタ，印刷のトッパン，ダンボール製造のレンゴーが知られている。

6 インドネシアの華人系企業グループ

　インドネシアでは約30の大企業グループ（コングロマリット，いわゆる財閥）が存在するといわれるが，その中で現地インドネシア系（いわゆるマレー人系）の地元企業グループは僅か6社にすぎず，多数派を占めているのは華人系企業グループである。その中にはマレーシアやシンガポールにも子会社や関連会社を設立し，多国籍事業を展開するグループも多い。この背景にあるのはインドネシアがマレーシアと並んで，歴史的に華人に対する現地人の反感が根強く，過去には「反華人運動」も起こり，店舗などが破壊されたこともあるためと考える。荒木義宏（1994）はこの背景を次のように述べている。少し長いが引用する。[20]

　「1945年8月17日，インドネシアは独立宣言を発したが，ほどなく再植民地化を目指すオランダ軍と独立義勇軍の間で独立戦争が展開された。華人はこの独立戦争に積極的に加わらなかったこともあって，戦後の政治的枠組み構築の過程でもほとんど無視された。それどころか，スカルノ大統領を頂点として民族主義が高揚して華人は攻撃の的となり，次第にその経済活動が制限されていった。1959年には主要華人系銀行・企業が閉鎖または国営企業に吸収された。製糖，ゴム，茶園，銀行など傘下に十数社を要し，資産1億ドルといわれた大財閥，建源公司が没収されたのは象徴的であった。翌1960年には『外国人小売商禁止法』が制定され，流通機構を独占していた華人は大打撃を受けることになった。この時代，シンガポールや香港に難を逃れた華人は多い」

　現在の多国籍化もインドネシア華人のこうした歴史的リスク分散への経験と教訓への理解なくしては理解できない。また，華人の人脈を活かして中国ビジネスで成長しようともくろむ傾向が強まっており，中国への直接投資も増えている。この文脈で中国大陸へのビジネス上の橋頭保として香港などにも拠点を展開している。

　インドネシア経済界で大きなプレゼンスを示しているのはアストラ・インターナショナル・グループ，サリム・グループ，シナルマス・グループ，ウィルマー・インターナショナル・グループ，リッポー・グループ，ジャルム・グループなどがある。これらのグループのトップはタイのCPと同様，現地に定着した世代としては第二世代に入っており，華人系ではあるものの，インドネシ

アで生まれた「インドネシア人」である。しかし，幼少の頃は父祖の故郷である中国で育った経営者も多い。

　例えば，リッポー・グループのモフタル・リアディ氏は「（当時オランダ領インドネシアの）マランに生まれついた私だが，生後5か月で中国へと向かった。……（中略）……出入国は容易で人々は中国と東南アジアを頻繁に行き来していた。……（中略）私は6歳まで父の実家の中国福建省莆田の村で育てられた」とある。また，「マランの中国系学校では中国人の共通語である北京語を使って授業をしていた」，「中国の古典も父がやさしく語り聞かせてくれた……（中略）……父のおかげで私は中国文化を幅広く習得できた」と述べている[21]。イスラム国家であるインドネシアにあって中国文化の影響を強く受けた経営者が大企業グループを率いている，それがインドネシアのビジネス界の特徴でもある。以下，そのリッポー・グループを含む，インドネシアの代表的な華人系大企業グループを紹介する。

リッポー・グループ：

　リッポー・グループは前述のようにインドネシア生まれの福建系華人であるモフタル・リアディ（李文正）が創業した。金融，不動産に強み。情報通信にも力を入れている。同じ福建系のサリム・グループのスドノ・サリムがスハルト政権下で政権との強い紐帯で成長する中，リッポー・グループはそのサリム・グループの支援を受けて大企業グループへと成長した，とされている。スハルト政権崩壊後は経済成長の続く中国の政府系企業との提携で中国ビジネスに積極的である。日本企業との国際提携では中国やアジアでの病院事業に展開するため日本の伊藤忠商事から資金，技術を受け入れたことがある。また，三菱商事と不動産投資信託，病院の事業をインドネシア国内で提携して行っている。三井物産とも第四世代の高速通信サービスを行っている。現在，事業はすでに2代目に承継されており，長男ジェームズ・リアディ氏がインドネシア国内事業を，次男スティーブン・リアディ氏が海外事業を担当している。

図表2-5　インドネシアのリッポー・グループの事業展開方向

事業分野	事業内容
不動産	住宅，商業施設，ホテルの一体開発。ジャカルタ郊外での工業団地開発。シンガポールにて不動産投資信託。
病院	50施設（2017年目標）。
小売り	最大の百貨店を経営。スーパーでは中規模あるいは大規模を展開。
IT・メディア	三井物産と提携し，第四世代高速通信，データセンター，有料放送，電子商取引に展開。
金融	銀行や保険事業を展開。

出所：日本経済新聞2015年10月29日。

アストラ・インターナショナル・グループ：

　アストラ・インターナショナル・グループは広東から移住したスリヤジャヤ一族が創業した。すなわち，華人の5大グループでいえば，「広東系」である。1960年代後半～90年代後半に亘って独裁的な権力を誇った軍人出身のスハルト政権（1968年～1997年まで政権を握った）の対外開放政策に協力して躍進した。[22]日系企業との国際提携ではトヨタ自動車との提携が有名である。多くの業種に事業を展開しており，インドネシアにおける典型的なコングロマリット（財閥）企業といってよい。事業範囲は金融サービス，アグリビジネス，重機，情報通信，インフラ事業と多岐に亘る。特徴は多くの分野で外資企業との提携で技術を導入するその事業展開スタイルであり，特に日本企業，欧米企業と提携してきた。トヨタ自動車等の自動車関連で急速に成長し，インドネシアの自動車市場で，日本の自動車ブランドが極めて大きな市場占有率を占めることに貢献している。

サリム・グループ：

　現在のトップは2代目のアンソニー・サリムである。創業者である初代のスドノ・サリムは福建省出身の「客家系」華人である。アストラと同様にスハルト長期政権と密接な関係を持って，多くの国家プロジェクトに関与し，成長した。国外では香港にグループ内の中核企業である投資会社ファースト・パシフ

ィックグループ（中核企業）を保有し，国外での資金調達や運用を手堅く行っている。アジア通貨危機で経営危機に直面するが，これを乗り切り，金融サービスの他，自動車，農園，インフラ，香宝飾品に展開している。日本企業との国際提携の例としては総合建設業の大林組，自動車メーカーの日産，スズキがある。

シナルマス・グループ：

　福建系の華人企業グループである。エカ・チブタ・ウイジャヤが15歳で創業したヤシ油の小売店が源流になっている。日本統治時代には旧日本軍が略奪物資を競売に出す際に，その転売業者になり，次第に食品製造，卸売りに展開した。発展のきっかけになったのは1972年に参入した製紙業である。

　主にシンガポールとインドネシアの両方で事業を展開しているが，近年はその他の東南アジア各国で事業展開を行うようになっている。製紙・パルプ事業の Asian Pulp and Paper 社がグループ内の中核事業である。また，金融，不動産にもインドネシア有数のグループ内企業を抱えている。日本企業との関係では伊藤忠商事との不動産開発事業（工業団地経営等）が有名である。その他の東南アジア諸国でも金融，農業，食品加工業等の子会社を傘下に置いて経営を行っている。グループ内の主要企業はシンガポール証券取引所の上場企業となっている。

ウィルマー・インターナショナル・グループ：

　インドネシアの財閥ではあるが，シンガポールに中核企業を置いている。マレーシアのクォックグループの創業者ロバート・クォックの甥であるクォック・クーンホンとインドネシアの企業家シトルスの共同所有及び経営を行った。インドネシアのほか13か国に450か所を越える農園を持ち，パーム油の生産では世界最大規模を誇った。

ジャルム・グループ：

　ハルトノが創業した華人企業グループである。サービス産業に強みを持ち，銀行（BCA）の他，IT企業を活用したネットショッピング，ソーシャルメディア，ネットニュース等の事業に展開している。もともとは1951年にたばこ会社を立ち上げ，インドネシア最大のたばこ製造会社に発展させた企業である。

　インドネシアの華人系企業はマレーシア，シンガポールの華人企業家と密接に結び付いている。例えば，前述のマレーシアのクォックグループは客家系マレーシア華人財閥ロバートコック（郭鶴年）が所有経営する大企業グループであるが，香港，シンガポール，マレーシア，インドネシアに渡り多様なビジネスを展開している。主要な事業としては海運，不動産，観光（ホテル），食品加工がある。例えば，シンガポールやインドネシアではウイルマー・インターナショナルとして農園，バイオ燃料，油脂加工の事業が有名でパームオイルの生産では世界最大である。この他，香港ではケリープロパティーズとして不動産開発を，そしてマレーシアをはじめとするアジア各地でシャングリラホテルグループを所有・経営している。その他メディアにも投資している。マレーシアのイスラム社会やマハティール元首相とも関係がよく，現地に深く根をはり，受け入れられた華人企業グループといえる。

7 フィリピンの華人系企業グループ

　フィリピンの大企業グループは華人系とスペイン人系の2系統が代表的なものである。このうち，華人系企業にも経営の特徴から2パターンに分けられる。1つはコングロマリット（財閥）として多角経営を目指すもの，そして得意分野に特化して，その業界でトップ企業を目指すものという2パターンである。前者は農園，商業，不動産等で蓄財し，その時々の政権との関係を利用して事業多角化してきたコファンコ・グループに代表される。また，後者は得意な事業分野をいくつかに絞り，その分野の市場を押さえてから，周辺国に展開するというゴコンウエイ・グループ，コンセプシオン・グループ等に代表される。

　榊原義雄（1994）によると，そもそも，フィリピンの華人のルーツは唐代に

遡るという。その後，元代にモンゴル人の侵略から逃れた数千人の華人がフィリピンに渡り，その多くが単身の男性であったため，現地のフィリピン女性と結婚し，人種的な融合が進んだともいわれる。

また，19世紀末から20世紀初頭，すなわち，清代の末期から中華民国初期に大量の中国人移民がフィリピンに定着した。その大宗が福建省出身者であり，残りが香港経由で来た広東省出身者であったという。[23] インドネシア同様，フィリピンでも，独立後はフィリピン人優先主義のもと，外国籍である華人は不利な社会的立場に置かれた。1975年に当時のマルコス大統領が華人へのフィリピン国籍への転換を緩和する政策を取るまで，こうした不遇は続いたが，ことビジネスに関しては，華人はしたたかにその力を拡大していった。その背景について榊原（1994）は「このハンデキャップから逃れるため，華僑・華人はフィリピン人配偶者の名前をかりて外国人禁止業種に参入していった。（中略）流通部門での華僑・華人の力は圧倒的である」と述べている。現在，フィリピンにおける中国系の国民（すなわち華人）は人口の5％前後といわれるが，長い歴史の中で混血化が進んでおり，はっきりと峻別することは難しいといわれる。

図表2-6はフィリピンの代表的な華人系企業グループである。多くの産業分野に展開するコファンコ，ユーチェンコ，SMグループの他，特定の分野に強い競争力を持つゴコンウェイ，マリアノ・ケ，コンセプシオン，アルフレッド・ラモス，ホセ・ヤオ・カンポスなどのグループが著名である。近年では，コファンコ・グループはスペイン系企業グループのソリアノ・グループからビールのトップブランド，「サンミゲール」を買収したり，さらにその株式の半分弱を日本キリンビールに売却した資金などを用いて，長期に巨額の資金を要するインフラ分野への投資を積極化させるなど，従来の華人企業のイメージである「自己のコミュニティの中で閉鎖的な経営を行う」，「小売・卸などの商業・流通業，不動産業，金融業を選好する」が変化していることが見て取れる。このような大規模ビジネスに展開できる企業グループは政治との関係を極めて巧妙にマネジメントしている。

なお，フィリピンのもう1つの大企業グループの系統はスペイン系である。16世紀にフィリピンに到来し，19世紀まで植民地支配を続けたスペイン人の末裔である。1898年の米西戦争でスペインはフィリピンの支配権を失うが，土着

図表2-6　フィリピンにおける華人系大企業グループ

財閥名（特徴）	歴史・事業分野
コファンコ	サトウキビ農園・砂糖精製・不動産開発等で成功。スペイン財閥からサンミゲールビールを買収。キリンに2009年同ビールの株式49％売却。大手電力会社マニフ・エレクトリック，石油元売り会社を買収。砂糖ビジネスは政治家一家のアキノ元大統領の実家である。ココナツ事業や最大の通信事業者（PLDT）を所有する一家であり，親戚間で事業が競合しないような産業に展開している。
ユーチェンコ	保険業界で不動の地位を築き，銀行業・投資・貿易・建設・通信・製造業へ多角経営。リサール商業銀行（RCBC）等にも強い影響力を持つ。
ゴコンウェイ	織物や日用品の行商からスタートし，その後，小麦粉と織物の輸入で得た資金をもとに澱粉製造会社を設立した。インスタントコーヒーで国内最大シェアを獲得するなど成功をおさめ，ホテルや綿織物会社（ジーンズ製造）にも展開している。
SM（シー）	持株会社シューマートの下に金融・不動産・水産・映画，大商業コンプレックス（不動産）を所有する。華人系銀行の大株主にもなっている。日本企業との連携ではトヨタ自動車のパートナーの例が挙げられる。
マリアノ・ケ	中核企業「Mercury Drug Store」は多品種・薄利多売を戦略としたフランチャイズ方式で成功した。その他貿易・ファーストフード・不動産・農産物加工・パン製造などの分野にも展開している。
コンセプシオン	製粉のリパブリック・フラワー・ミルズと家電のコンセプシオン・インダストリーズが中核企業である。
アルフレッド・ラモス	1980年代後半から株式投機で名を上げ，フィリピン最大の書店チェーン「ナショナル・ブックストア」や石油掘削会社の「フィロドリル社」で成功した。鉱物資源開発・不動産・持株会社を兼ねる企業が多い。
ホセ・ヤオ・カンポス	フィリピン最大の製薬会社「United Laboratories Inc.」で政府機関や公立病院への医薬品の供給を独占している。

出所：榊原義雄「ASEAN諸国の中の華人（I）－タイ，フィリピン－」，渡辺利夫，今井理之『概説華人経済』有斐閣，1994　及び各種新聞報道等より筆者作成。

化したスペイン人の大企業は農園や住宅地などの広大な不動産を所有し，土地開発によって蓄財した資本で事業を多角化して発展した。銀行や保険・金融会社などを主要な株主として多角化したグループ企業を統治する形態は華人のコングロマリット化した大企業グループと類似している。フィリピン最古の商社の系譜を引き継ぐアヤラ・グループ，第二次大戦後から政府の復興支援の波に乗って急成長したソリアノ・グループ，ネグロス島の大規模サトウキビプランテーションから発展したアラネタグループ等が健在である。なお華人最大グル

ープのコファンコと日本のキリンビールが所有する「サンミゲールビール」はもともとこのスペイン系のソリアノ・グループの事業であった。

　スペイン系企業グループは長年，スペイン系財閥家同士の婚姻関係で，民族的コミュニティの中の紐帯を大事にし，ビジネス関係の強化を図ってきたといわれている。しかし，最近はコミュニティを越えた開放的なビジネス姿勢も見られる。スペイン人系企業グループの事例として代表的であるのがアヤラ・グループである。スペイン人系の企業グループの中には，ソリアノ・グループのように，外部の投資家が多くの持ち株比率を獲得しても，経営権を奪われないように長期の経営代理契約をグループ企業内で結び，実質的にファミリービジネスの継続を図ろうとするところもある。この経営代理契約については華人系グループのアルフレッド・ラモスがソリアノの銅鉱山会社アトラス社の買収を図り，筆頭株主になった際に当該契約の撤廃を求めるなど，法的な整合性がしばしば問題になった。[24]

8 まとめに代えて

　東南アジアでは異文化をバックグラウンドに持つ経営者が大きな企業グループを運営しているケースが多く見られる。近世からの歴史的な経緯を持つ華僑・華人，近代の植民地化の歴史を背景とするスペイン系に加え，本稿では対象にしていないが，祖国から欧米に逃れ，その異文化的要素を企業経営力に代えて市場経済化した祖国に戻り，事業を発展させたいわゆる越僑やインド国内でイランや国内各地の異なる文化的背景のもと事業を展開している企業グループもある。こうした企業グループの共通の特徴はそれぞれの「共通の価値観」を大事にしているということである。それを守るための枠組みが同郷意識であり，家族というコミュニティである。したがって，外部株主をできるだけ経営に参加させない仕組みを，企業グループ内部に構築しているのである。フィリピンのソリアノ・グループの「長期経営代理契約」[25]が有名であるが，これほど議論を呼ぶ極端な方法ではないとしても，グループ内部に金融機関を保有すること，持株会社を株式市場に上場させないこと等がある。これらはそのための「仕組み」であるということができるであろう。

筆者はこうした「仕組み」がグローバル化によって動揺し，異文化的な背景を持つ企業グループの発展はある種の限界があるのではないか，と考えていた。グローバル化によって海外からの投資が増え，欧米の株主は同郷や一族といった文化的特殊性（欧米から見れば，ということであるが）を背景にした企業の運営に対して異を唱えるであろう，ということである。すでに，本稿でも触れたように，フィリピンにおける「経営代理契約」の存在は外部株主から法的に問題にされ始めているからである。また，本稿の範囲を超えるが，一族経営の典型例としてよく取り上げられる韓国の企業グループは海外のみならず，韓国国内でも社会的に批判を受けることがしばしば起きている。

　そのような中，タイのセントラル財閥ではその最大の特徴である，「経営の中枢を身内で固める」というファミリービジネスを保ちつつ，必要に応じて外部の人材や欧米流の「資本の論理」を取り入れ，企業買収や投資ファンドの活用を行うという，混合的な経営スタイルを目指そうとしている。現在，日本と同様にタイではアジア主要新興国の中で最も速いペースで高齢化が進展しており，65歳以上人口比率は現状の約1割から2030年代に2割を上回ると見込まれている[26]。そのため，今後の労働力人口減少と高齢化による景気下押し圧力が次第に強まることを踏まえると，大幅な成長加速は期待できず，国内市場における売上高の大幅な増加も厳しい状況が見込まれる。事業承継のスタイルの変化，すなわち，外部人材の経営トップ層へのスカウトも，こうした経営環境の変化に対応したものであろう。長期的な視点に立って経営全体を統括する創業家のもとで，外部のプロの人材が実際に事業を行うという混合型の財閥スタイルを目指そうとする動きはすでに実行に移されているわけである。今後，創業家と外部人材の意見の対立が起こった場合にはどのようにして乗り越えるのか，またプロ経営者がかつての創業家と同じような迅速かつ大胆な施策を事業で行えるのか，などの点が焦点になろう。

　他方，中小企業では昔ながらのファミリーを重んじる経営スタイルにはあまり変化が見られないようだ。事業承継も息子，娘に事業承継するスタイルも健在である。筆者は2019年8月に中国広東省で発展する中国華南・珠江地域（香港，広東省，広西壮族自治区）のいわゆる「グレーターベイエリア」）で日系企業を訪問調査したが，その過程で広東省の客家系ビジネスマン2名の話を聞く機会に恵まれた[27]。同じ客家系であるだけでなく，大学時代に日本の大学（専修

大学）に留学した友人同士の彼らは家族ぐるみの付き合いでさらに信頼関係を深めている。さらに今後の事業の連携のために息子，娘同士の婚姻を心から喜んでいた。中国の広東省は広東系，潮州系，客家系という華僑の5大系統のうち，3系統を有するまさしく「華僑の故郷」の地域の1つであるが，グローバル化が進む中でも，彼らのビジネスは西欧的な合理性をベースにした「起業家精神」ではなく，人間同士の信頼にもとづいた「故郷に錦を飾る」，「徒手空拳で無から有を生み出すロマン（白手起家）」といった原理で動いていることを目の当たりにした。[28] また，企業規模による違いの他にも，本拠地を置いている国や産業によって事業承継の仕方に一定の差異が見られるようである。

　いずれにせよ，かつて，末廣昭（2006）は開発経済学の視点から発展途上国における華僑・華人をはじめとする「ファミリービジネスは遅れた企業形態なのか？」という問題を問いかけた。ファミリービジネスもグローバル化の波を受けて変化の途上にあり，新たな課題にも直面している。筆者は文化的背景の影響を踏まえた経営学の視点からグローバル化が進むアジアにおいて，同じ問いを投げかけたい。この問いを突き詰めるために残された研究課題は多いが，次の機会を待ちたいと思う。

[注記]

1 ）本稿は拙著「研究ノート：東南アジア・インド企業グループの文化的背景と経営スタイル－出身地に由来する同郷的・家族的紐帯の視点から－」専修大学人文科学研究所月報第307号，2020年9月の内容に大幅に加除を加えたものである。

2 ）タタグループによる英国の伝統的高級自動車メーカー，ジャガー・ランドローバーの買収等。また，タタ製子会社を通じて，英国の他，ドイツ，オランダに生産拠点を持ち，約2万人の社員を抱えている。

3 ）タイ，インドネシア，シンガポール，マレーシア，フィリピン，ブルネイ，ベトナム，ラオス，カンボジア，ミャンマーの10か国が加盟している。

4 ）ASEAN自由貿易地域（ASEAN Free Trade Area:AFTA）協定である。その後，自由化の範囲が順次拡大し，2015年には完成された形のASEAN経済共同体（ASEAN Economic　Community）となった。

5 ）ただし，1997年の中国への主権返還以降はこうした英国系企業は英国に主要拠点を移すか，事業を現地香港企業に売却するか，あるいは中国本土系企業へ株式の持ち分を譲渡するなど，自らプレゼンスを低下させている。

6 ）しかし，こうしたグループ内での融資はしばしば融資審査が甘い「循環融資」とされ，コーポレートガバナンスの観点かたは批判される場合もある。

7 ）経営代理契約：非上場の持株会社が公開会社である事業子会社から経営に関する全権を

任される旨の内容を含む契約。外部株主による株主総会での議決を通じた事業子会社の経営への影響が抑制されるため，大株主からの訴訟などに発展した事例もある。

8）「開発独裁」の政策の典型事例といわれるインドネシアのスハルト政権（1960年代〜1990年代）及びフィリピンのマルコス政権（1960年代〜1990年代）でこうした現象が顕著であった。

9）出身地別の助け合い組織を「同郷会館」とよぶ。東南アジア全般に存在している。

10）華人系は出身地方が違う経営者とも共同経営はしない傾向がある。また，子女の海外への留学を通じて国境を超えて世界中にネットワーク，情報，人脈等を構築している。

11）須山卓，日比野丈夫，蔵居良造（1977）pp.15-16。

12）東南アジアでは中国の出身地別に相互扶助組織等がいわゆる「同郷会館」を設立し，助け合っている。

13）須山卓，日比野丈夫，蔵居良造（1977）pp.54-66。

14）2019年に引退を表明した。

15）「李兆基，小学校卒業のみで香港富豪No.3に」2020年10月16日閲覧　https://money-academy.jp/lee-shaukee/）。

16）フィリピンへの中国人出稼ぎ者はほとんどが単身であったため，現地のフィリピン女性との通婚が進み，混血化が広範囲に広がった。したがって，「中国系」であることの異文化的な背景を意識するフィリピン華人は，現地での商売が軌道に乗ったのちに家族を大陸から呼び寄せて現地で暮らすタイ華人等よりも少ないといわれている。

17）タニン・チャラワノン，「私の履歴書」，日本経済新聞，2016年7月1日〜7月31日掲載。

18）最初，サハ・グループやロビンソン百貨店と提携したが，後に両者が撤退し，その後セントラル・グループと提携して展開している。

19）日本経済新聞「日本と合弁会社80社，サハ・グループ会長ブンヤット・チョクワタナー氏」，2017年4月6日。

20）荒木義弘（1994）pp.246-247。

21）モフタル・リアディ，「私の履歴書」，日本経済新聞，2018年5月1日〜5月31日

22）スハルト政権は1968年〜1998年まで政権を握った軍人（陸軍少将）出身のスハルト氏の長期政権である。政権与党としてゴルカル党を率いた。

23）榊原義雄（1994），pp.228-229。

24）榊原義雄（1994），P.242。

25）外部株主の持ち株比率が増加しても，それら株主の経営への発言力を極力最小化するために結ばれる創業家と事業会社の間のコンサルタント契約。

26）熊谷章太郎（2019）。

27）現地調査（インフラ実査調査,企業家インタビュー調査）の内容については小林守（2019）で詳しく報告している。なお，この現地調査準備と実施における小林慧氏（創価大学）のアレンジメントと通訳・資料翻訳に謝意を表する。

28）小林守（2019）。

[引用・参考文献]

〈書籍・論文・新聞〉

須山卓，日比野丈夫，蔵居良造（1977）「華僑―改訂版―」日本放送出版協会。

汪慕恒（1989）「東南亜華人経済」福建人民出版社。

末廣昭，南原真（1991）「タイの財閥」同文館。

樋泉克夫（1993）「華僑コネクション」新潮社。

閻旺賢（1993）「珠江三角州経済発展模式与策略分析」，広東旅游出版社。

榊原義雄（1994）「ASEAN諸国の中の華人（I）―タイ，フィリピン―」，渡辺利夫，今井理之『概説華人経済』有斐閣，pp.228-229。

渡辺利夫，今井理之（1994）「概説華人経済」有斐閣。

小林伸夫（1995）「台湾経済入門―21世紀への飛翔」日本評論社。

小林守，宇佐美暁（1996）「アジア新経済圏　東南アジア編」三菱総合研究所，徳間書店，p.92。

末廣昭（2006）「ファミリービジネス論―後発工業化の担い手―」名古屋大学出版会。

日本経済新聞社（2007）「インド―目覚めた経済大国」日本経済新聞社。

浅海信行（2008）「韓国，台湾，中国企業の成長戦略」勁草書房。

藤巻正巳，瀬川新平（2009）「現代東南アジア入門」古今書院。

NHKスペシャル取材班（2009）「インドの衝撃」文芸春秋。

須貝信一（2011）「インド財閥のすべて」平凡社。

タニン・チャラワノン「私の履歴書」日本経済新聞，2016年7月1日～7月31日掲載。

日本経済新聞「日本と合弁会社80社，サハ・グループ会長ブンヤット・チョクワタナー氏」，2017年4月6日。

モフタル・リアディ「私の履歴書」日本経済新聞，2018年5月1日～5月31日。

小林慧「タイ華人の事業承継の現状に関する一考察」未定稿，2020年10月。

〈インターネット記事〉

小林守「グレーターベイエリア構想と香港問題―日系企業にとってのビジネス環境変化―」，世界経済評論インパクトレビュー，国際投資貿易研究所，文眞堂，2019年9月，http://www.world-economic-review.jp/impact/（閲覧日2019年9月23日）。

飯山辰之介「タイ財閥セントラル，変革期に一族経営究める」，日経ビジネス，2019年2月1日，https://business.nikkei.com/atcl/NBD/19/00114/00003/?P=1（閲覧日：2020年9月30日）。

小平龍四郎「タイCPなどアジア財閥に広がる欧米流「資本の論理」」，日経産業新聞，2020年3月27日，https://www.nikkei.com/article/DGXMZO57276680W0A320C2XR1000/（閲覧日：2020年9月30日）。

日本経済新聞「タイ最大財閥CPタニン氏 「子と孫の4人に継承」」，2019年6月18日，https://www.nikkei.com/article/DGXMZO46217560X10C19A6FFJ000/（閲覧日：2020年9月30日）。

第**3**章

ベトナムにおける日系外食企業の サービス・マーケティング
―文化的差異（CAGE フレームワーク）にもとづく検討―

1 はじめに

　本稿の目的は，ベトナムにおける日系外食企業のサービス・マーケティングについて，「文化的差異（隔たり，距離）」の概念にもとづいて考察していくことにある。

　近年，日系外食企業（外食チェーン）による ASEAN 諸国への進出が増えている。これは，国内市場の飽和・縮小と，経済成長の著しい ASEAN 諸国における外食市場の拡大が背景にある。日本の外食市場は 1997 年の約 29.1 兆円をピークに，2011 年の約 23 兆円まで縮小傾向にあったが，2012 年以降はインバウンドの増加もあり，2019 年には約 26 兆円にまで伸びた。しかし，2020 年春からの新型コロナウイルス（Covid-19）の感染拡大によって，外食市場は縮小・低迷状態にある。[1]

　他方，日本食に対する海外からの評価は年々上昇しており，アジア諸国において「日本食レストラン」として扱われている店舗数は，2017 年の 69,300 店から 101,000 店へと増えている。[2]『海外進出企業総覧 2020 年版』によれば，ASEAN 5 に進出している日系外食企業は計 58 社で，特に多いのはシンガポール（23 社）[3]とタイ（16 社）である。これは台湾（31 社），中国（30 社）に次いで多く，香港（22 社）とほぼ同等の数値となる。2016 年時点でシンガポールの日本食レストランは約 1,400 店（外食店舗総数は約 26,600 店），[4] 2019 年時点でのタイにおける日本食レストランは，3,637 店舗となっている。[5] 日本貿易振興機構（2018）によれば，海外に拠点を持つ企業のうち，事業拡大を図る対象国として，中国の次にベトナムが挙げられており，特に非製造業において増加している。[6] 2020 年からの新型コロナウイルスの感染拡大によって，国内外の外食市場は大きな打

撃を被っているものの，日系外食企業によるASEAN進出は続くものと推測される。

　日系外食企業のASEAN進出が拡大するにつれ，こうした企業のサービス・マーケティングに関する研究もより重要になってくる。アメリカやイギリスといった英語圏におけるサービス・マーケティングに関しては，長年の研究蓄積があるものの，ASEAN市場に関しては，関連するデータや先行研究が十分に蓄積されているわけではない。また，これまでのサービス・マーケティングの領域では，海外進出するサービス企業が直面する「文化的な差異（隔たり，距離，ギャップ）」に関しては，あまり論じられることはなかった。

　「サービス」という概念1つをとってみても，国や地域によって大きな認識の差が見られる。日系サービス企業における「サービス」とは，平身低頭で丁寧かつ細やかな顧客対応（心配り）が暗黙の前提となっている。しかし，国が違えば，店員が箸や皿を投げるようにしてテーブルに置いたり，食事をしながら接客をすることさえ当然のこととして振る舞うこともある。そうした認識の違いを見過ごして，日本と同じ感覚でサービス・マーケティングを海外で展開しようとしても，どこかでトラブルが生じるだろう。同様のことは，「おもてなし」の概念にも当てはまる。

　そこで本稿では，サービス・マーケティングの視点から，ベトナムに進出している日系外食企業（和食レストラン）が直面する「文化的差異」に焦点を当て，異文化マネジメントの現状と課題を整理していく。

2 サービス業の国際化と文化的差異

2-1　サービス業における文化

　サービスとは，顧客に何らかの「経験（体験）」を提供するための行為（事業活動）である。中でも，外食業や宿泊業，テーマパークといったレジャー関連のサービスは，顧客と直接対面し相互作用を行う割合が高く，一定の感情表現が求められる。サービスの提供プロセスとは，落ち着いた空間で楽しむ料理や快適な部屋で過ごす時間と，代金とを単に交換しているだけではない。スタ

ッフは，予め設定されたコンセプトに沿った行動様式に則ってサービスを提供
し，顧客はそれにふさわしい振る舞いをするよう求められる。

　高級旅館では，女性スタッフは着物をまとい，常に落ち着いた上品な所作で
対応しなければならないものである。テーマパークでは，スタッフは常に明る
く元気な姿勢で振る舞わなければならない。同様に，高級レストランとファス
トフードショップとでは，接客姿勢は自ずと異なる。テーマパークでは，大声
で笑ったり，時に絶叫することこそが顧客としての望ましい態度として見なさ
れるが，高級旅館や高級レストランでは，望ましい振る舞いとは見なされない。
こうした人々の行動や態度，相互作用のあり方は文化によって左右される。高
級旅館のサービスは，日本の価値観や信念，暗黙の前提などによって決まる。
ファストフードショップでハンバーガーを食べる時は，アメリカの文化にもと
づいたサービスを顧客は半ば暗黙的に楽しんでいるのである。

　文化とは「行動を喚起する共通の意味や認識の体系」であり，企業文化とは
「集団の構成員が共有する信念や期待のパターン」である。こうした信念や期
待，価値観から規範が生み出され，それにもとづいて構成員の行動が形成され
る。したがって，文化はその所産（音楽やアート，建築，習慣）や，構成員の
行動から観察することができる。ステーキを箸で食べるのか，ナイフとフォー
クを使うのか，ソースをかけるのか醤油をかけるのか，マスタードを付けるの
か，わさびを付けるのか，各レストランで提供方法が異なるのは，ステーキの
味わい方だけでなく，文化的な差異も提供しているのである。

　サービス業では，こうした文化的差異が商品として取り引きされている。顧
客は文化的差異を楽しむ一方，海外展開する企業にとっては文化的差異のマネ
ジメントが重要になる。

2-2　文化的差異のフレームワーク

　こうした文化的な差異（隔たり）について，Ghemawat（2007）は，「文化的
差異（Cultural Distance）」「制度的差異（Administrative Distance）」「地理的
差異（Geographic Distance）」「経済的差異（Economic Distance）」の４つに区
分し，企業が国際戦略を策定する際に取り組むべき「CAGE ディスタンスフレー
ムワーク」を提示した。図表3-1は，国家レベルの差異，図表3-2は業種レベ

図表3-1　国レベルでのCAGE フレームワーク

2国間	文化的差異	制度的差異
	● 異なる言語 ● 民族性の差異；つながりのある民族的・社会的ネットワークの欠如 ● 宗教の差異 ● 信頼の欠如 ● 異なる価値観，規範，気質	● 植民地関係（歴史的関係）の欠如 ● 共通した地域貿易ブロック（同盟関係）の欠如 ● 共通した通貨の欠如 ● 政治的な対立関係
	地理的差異	経済的差異
	● 物理的な距離 ● 国境を接していない ● 時差 ● 気候や衛生状態の差	● 貧富の差 ● 天然資源，経済的資源，人的資源，インフラ，情報や知識を得るための費用や質の差

1国， または多国間	文化的差異	制度的差異
	● 閉鎖的思考（島国根性） ● 伝統主義	● 市場の不在，あるいは閉鎖的経済 ● 自国バイアスの度合い ● 国際的機関への未加入 ● 脆弱な法制度；汚職
	地理的差異	経済的差異
	● 陸地に囲まれているか否か ● 国内での移動（回遊性）の難しさ ● 国土の地理的規模 ● 交通や通信網の脆弱性	● 経済規模の差 ● 1人当たりの所得の低さ

出所：Ghemawat（2007a，b）より加筆修正。

ルでの差異を示したもので，図表3-3は，多国籍企業が現地で背負う可能性のある不利な条件を整理したものである。

　多国籍企業が現地市場に適応するためのツールと補助ツールは，図表3-4の通りである。基本的には，現地市場に合わせた多様化とその調整レベルが重要となる。多様化は，国ごとの差異に適応するための手段であり，標準化された製品を現地に合わせて部分的に変えていく方法は典型的な例である。これに合わせて，事業全体のポジショニングを変更することもある。昇給制度や人事管理など，国ごとに経営方針を変えたり，売り上げや収益などの数値目標を変えることも必要になる。

　絞り込みは，多様化によって複雑になりがちな物事を管理できる範囲にまで

図表3-2　業種レベルでのCAGE フレームワーク

文化的差異	制度的差異
文化的差異が最も重要となる例 ●製品が含む言語のコンテンツが大きい（テレビ番組） ●製品が文化や国のアイデンティティに関わる（食品） ●製品特性が以下の点で異なる場合 　–サイズ（自動車） 　–規格・標準（電気器具） ●製品が生産国に固有の品質を伴う（ワイン）	政府の介入が多く見られる産業 ●必需品, 基幹産業の生産者(電気, 燃料, 食品) ●他の「権利」の生産者（医薬品） ●大規模雇用主（農場） ●政府への大手納入業者（公共交通） ●国家を代表する国威企業（航空宇宙） ●国家の安全に不可欠な産業（通信） ●天然資源の開発業者（石油, 鉱業） ●高いサンクコスト（回収不能額）を条件とする産業（インフラ）
地理的差異	経済的差異
地理的差異が大きな役割を果たす例 ●製品の価値が重量や容量に比べて低い（セメント） ●製品が破損しやすい, または傷みやすい（ガラス, 果物） ●現地の監督・事業要件が厳しい（多くのサービス業）	経済的差異が最大の影響力を持つ例 ●需要特性が所得水準によって異なる（自動車） ●規格・標準, または規模の経済が限定的（セメント） ●労働, その他の事業コストの差が顕著である（衣料） ●販売網やビジネスシステムが異なる（保険） ●企業が迅速に需要に対応する必要がある（家電製品）

出所：Ghemawat（2007a, b）より加筆修正。

意図的に絞り込み, 制御するための手法である。ここでは, 幅広い製品カテゴリーの絞り込み, 事業展開を図る地理的範囲の絞り込み, 川上から川下事業の中の特定領域への絞り込み, 顧客セグメントの絞り込みが有効なツールとなる。

　外部化は, 意図的に一部の事業を外部組織に委ねることで, 現地適応における自社内の負担を軽減し, 経営効率を高めることである。戦略提携は, 現地での事業展開に必要な知識やノウハウ, 現地のバリューチェーンやコネクションへのアクセスを得るための手段である。フランチャイズ化は, 自社内では不足する経営資源を補うとともに, 現地への適応度を高める上で有効である。ユーザー側の適応とネットワーキングは, 顧客や第三者を製品開発などに巻き込む手法だが, 外食サービスではメニュー開発などに活用できるだろう。

　設計は, 多様化にかかる費用を意図的に削減するための手段として重要であ

図表3-3　多国籍企業が現地で背負う可能性のある不利な条件

文化的に不利な点	制度的に不利な点
● 現地化する際に不利な点：言語，伝統，アイデンティティ（テレビ番組） ● 多様な嗜好に合わせる（水平的差別化）際の不利な点 　– 特殊な嗜好（魚肉ソーセージ，トランクス） 　– デザインの違い（家電） 　– 規格・標準の違い（電気製品） 　– サイズ，パッケージの違い（加工食品） 　– ターゲット層の違い（ポータブルラジオ，カセットプレーヤーの日米での購買層） ● 確固とした地元製品への選好需要，現地品への偏り（国産品キャンペーン） ● 社会的なつながり，ネットワーク不足	● 現地政府による海外製品や企業への差別。通常，以下を伴う。 　– 政府の深い介入 　　・規制（ヘルスケア） 　　・調達，資金（建設） 　　・政治的に重要な企業（テレビ放送） 　　・国有事業（インフラ） 　　・公認の国産産業（航空宇宙） 　　・国家の安全に関係する企業 　– 事業転換に対する国内の組織的な抵抗（農業，織物） 　– 愛国主義，国家的な財産の影響（天然資源） 　– 製品のサイズ／特徴／戦略的特性（自動車） 　– 資産特性と，プロジェクト遅延の可能性（インフラ） ● 世界の別の場所での活動によって，現地政府との交渉が妨害されるケース（ダライラマをめぐるディズニーと中国政府の関係） ● 現地国による制約（贈収賄） ● 複数の規制要件 ● 本国と現地当局間の制約関係（中国におけるモトローラ）

健康，安全，環境問題に関する自国基準の影響度，より一般的には社会的影響力
（アジアにおけるアメリカ製の靴とアパレルメーカー）

地理的に不利な点	経済的に不利な点
● 高い輸送費。一般的に以下を伴う。 　– 製品の価値が重量や容量に比べて低い 　– 輸送に伴う危険や困難さ 　– 製品の傷みやすさ ● 必要な交通・通信インフラの欠如 ● 現地の監督要件が厳しい ● 価値を生む活動について，現地で満たすべき要件を課せられる（多くのサービス業）	● コスト面での不利（労働力，管理者，リストラ，現地適応などのコスト） ● 納入業者，流通チャネル，ビジネスシステム，規制が異なる場合のノウハウ面での不利 ● さまざまな商品を機動的に提供する際の不利 ● グローバル市場における価格設定が制約される（本国の株主が現地市場について馴染みがない） ● 厳しい生存競争の中，現地で競争することの効率性；現地進出による収益性の低下 ● 後発組としての不利 ● 特定市場へのコミットメントが低く見られる

出所：Ghemawat（2007a, b）より加筆修正。

図表3-4　適応のためのツールと補助ツール

多様化	絞り込み：多様性の必要性を減らす	外部化：多様化の負荷を減らす	設計：多様化のコストを減らす	イノベーション：多様化の効果を高める
● 製品 ● 方針 ● ポジションの変更 ● 数値目標	● 製品の絞り込み ● 地域的な絞り込み ● 垂直的な絞り込み ● セグメントの絞り込み	● 戦略的提携 ● フランチャイズ化 ● ユーザー側の適応 ● ネットワーキング	● 柔軟性 ● 領域分割 ● 規格化 ● モジュール化	● 移転 ● 現地化 ● 再結合 ● 変革

出所：Ghemawat（2007a，b）より加筆修正。

る。柔軟性は，多様な製品を製造・販売することに伴う固定費を抑制できる事業体制を構築することである。オンライン書店での品揃えの多様化では，電子書籍やオンデマンド出版によって在庫費用を削減することができる。領域分割は，国ごとに適応可能な要素と，統合された部分とを区別することで，統一されたファストフードのチェーンオペレーションと，国ごとに異なるメニュー構成はこの典型例となる。規格化は，費用削減につながるカスタム化された規格を用いることで，多様な料理を1台で調理できる機械の開発などがこれに当てはまる。モジュール化は，すべての選択肢を結ぶ標準化された橋渡しを定めることで，コンピュータシステムの設計がこれに該当する。

　イノベーションは，多様化の効率を高める効果がある。イギリスのダイソン社が開発したサイクロン式掃除機は，日本の市場でも移転可能であることが証明された。日本マクドナルドによるテリヤキバーガーなどは，ターゲット市場におけるイノベーション，即ち現地化の例となる。再結合は，親会社のビジネスモデルの要素を新しい状況で発生する機会と合体させることをいう。海外のテレビ番組の構成やセットなどは踏襲しながらも，現地のタレントを使い，現地で受けそうなキャッチフレーズを使うケースなどを指す。変革は，本社が現地の環境に合わせる能力を高める代わりに，現地の環境を変えて適応しなくてもいいようにする試みをいう。スターバックスは，日本の消費者を，コーヒーの香りのする禁煙の空間で，ゆったりとしたソファに座り，洗練された音楽を聴きながらコーヒーを味わうという体験を求める顧客層に変化させた。それは，

チェーンスモーカー中心の喫茶店とは異なる空間であり，これまで喫茶店を敬遠していた女性客を捉える結果となった。

3 ベトナムとの文化的差異とSQM

　以下では，ベトナムの外食市場における文化的差異についてCAGEフレームワークを通して考察し，日系外食企業によるサービス・マーケティングの課題を整理していく。

3-1　ベトナムにおける外食市場の動向

　日本貿易振興機構（2017）によると，ベトナムの外食市場規模（総売上）は，2015年の197億ドルから279.85億ドルへと7.3％の成長が見込まれている（図表3-5）。ベトナムにおける外食店の業種別店舗数は，2015年時点で，路上屋台が約14.8万店，フルサービス・レストランが約12万店，カフェ・バーが約2.6万店，ファストフードが約8.4万店となっている。現在，飲食店の予約・デリバリーサイト大手のFoody.vnで日本料理店（Japanese Cuisine）を検索すると約1,000店が検出され，そのうちのレストラン（Luxury, Restaurant, Bistro, Boozer, Buffet）で絞り込むと，約680店舗が検出される。

　Decision Lab（2018）によるハノイ，ダナン，ホーチミンの3都市の外食サービス利用動向調査によると，フルサービス・レストラン（FSR：一般的なレストラン）とクイックサービス・レストラン（QSR：ファストフードショップ）の来店者数の推移（2016年第3四半期から2018年第3四半期まで）は，図表3-6の通りである。これによると，QSRは，2016年の第4四半期をピークに減少傾向にあり，2017年の第3四半期からの1年で21％減少している。他方，FSRは2017年第2四半期から来店者が増加傾向にあり，2017年の第3四半期からの1年で11％増加傾向にある。

　同期間におけるFSRへの来店者数と1人当たりの平均支出額の推移を見ると，7.7〜8.9万ベトナムドンの間を推移しており，年率で–7％とやや低下傾向にある（図表3-7）。

図表3-5　ベトナム他の外食市場規模のと成長見通し

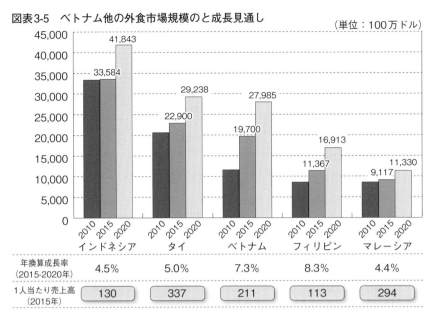

（単位：100万ドル）

年換算成長率 （2015-2020年）	4.5%	5.0%	7.3%	8.3%	4.4%
1人当たり売上高 （2015年）	130	337	211	113	294

出所：日本貿易振興機構（2017）より加筆修正。

図表3-6　FSRとQSRへの来店者数の推移

（単位：M＝100万人）

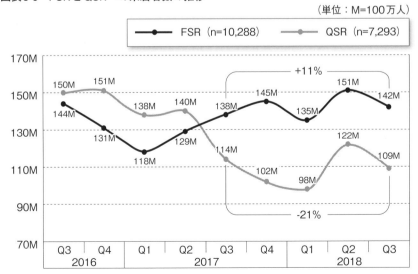

出所：Decision Lab（2018）。

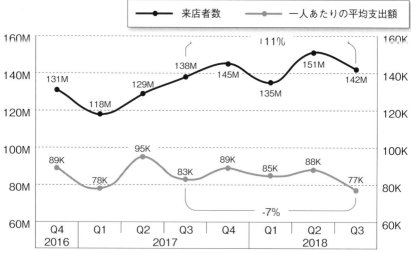

図表3-7　FSRにおける来店者数と１人あたりの平均支出額の推移

（単位：M=100万，K=1,000ベトナムドン，n=10,288）

出所：Decision Lab（2018）。

　この調査によると，来店者数で見たフルサービス・レストランの市場シェアでは，ベトナム料理が大半（81％）を占めているが，ベトナム料理を除いたフルサービス・レストランとクイックサービス・レストランを合わせた市場シェア（売り上げ）で見ると，日本料理は14％と３位になり（図表3-8），年ごとの売上増加率では51％と，ホットポットに次ぐ２番目に高い伸び率となっている（図表3-9）。とりわけ，日本料理のレストランの来客は年々280万人増加しており，15～34歳の51％を占めている。

　Decision Lab（2018）によると，近年のベトナム外食市場では，女性の影響力が高まっており，彼女たちは外食頻度が高く，より多く支出する傾向にある。[11] 彼女たちは，外食に関してはさほどヘルシー志向ではなく，食事と飲み物のセットが好まれる。外国料理へのニーズは高く，日本料理，ホットポット，バーベキュー（焼き肉）が男性よりも好まれている。

　以上のように，ベトナムでは１人当たりの外食への支出額が微減傾向にあるものの，FSRへの需要は高まっている。そうした中，外国料理の中でも日本料理は人気が高まっており，日系外食企業にとっては来店客数の増加に伴うサー

図表3-8　非ベトナム料理の市場シェア
（Market share of non-VN cuisines in FSR and QSR in year ending 2018 - % sales）

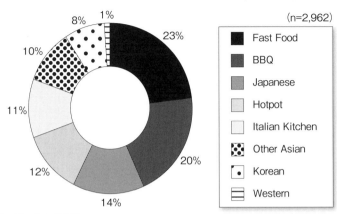

出所：Decision Lab（2018）。

図表3-9　非ベトナム料理店の売上増加率

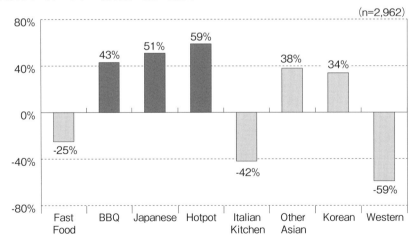

出所：Decision Lab（2018）。

ビス・クオリティ・マネジメント（安定したサービス・クオリティの実現）と，女性を中心とする顧客層の嗜好への対応が重要になってくるだろう。

3-2　日系外食企業の進出状況

　かつてベトナムでの外資系企業による外食企業の設立は，ホテルとの一体型でなければ設立は困難な状況であったため，「Yoshinoya International社（吉野家）」や「Toridoll社（丸亀製麺）」などは，商工省へのフランチャイズ登録によって投資手続きや外資規制を避ける形でベトナム市場に参入していた。2015年1月には，WTOの公約にもとづき外国投資家に対する規制が緩和されたことで，外資100％による外食企業の設立が可能になった。同年4月には，「Kyo Food Service社（Kyo Kiyomizu, 創作割烹 京 きよみず）」が日系企業としては初の独資で現地創業した。

　図表3-8で示した通り，近年，ベトナムでは日本料理店への関心が高まっているものの，日系の大手企業によるチェーン展開は限定的で，現地企業との合弁やフランチャイズ形式による進出が多くを占めている。その中で，先駆け的な存在といえる「TOKYO Deli（東京デリ）」は，2007年に寿司や天ぷらなどを提供するレストランを出店し，現在では17店舗を展開している。北海道から空輸で海産物などの食材を直送し提供している「HOKKAIDO SACHI（TAKAHIRO CORPORATION）」は，2014年に1号店を出店し，現在は9店舗まで展開している。

　ベトナムで人気の日本料理としては，寿司などの海鮮料理と日本料理全般，焼き肉，ラーメンである。これまでは富裕層向けの高価格帯のレストランが多かったが，近年では，大型商業施設内の店舗や路面店など，中間層向けの業態が増えつつある。こうした新たなターゲット層に適応すべく，価格やメニュー，接客サービスなど，サービス・マーケティングの手法が検討されてきている。

3-3　日系外食企業が直面する文化的差異

　以下では，ベトナム外食市場に関する先行研究をもとに，CAGEフレームワークを用いながら日系外食企業におけるサービス・マーケティングの課題につ

いて考察していく。

(1) 国レベルでの文化的差異

　国レベルでの文化的差異に関する課題は，図表3–1とほぼ同じ点が指摘でき
る。仏教徒が大半を占め，米文化で麺類を好み，勤勉な国民性であるといった
共通点が一般的に指摘されてはいるものの，言語や文化，価値観や規範，気質，
気候などは大きく異なる。制度面では，何よりも民主主義国と社会主義国とい
う大きな差異がある。歴史的には，室町時代から朱印船を通した貿易が行われ
ていたが，江戸時代の鎖国によって途絶えた。第二次世界大戦中は，フランス
との二重支配による植民地関係にあったものの，現在では政治的な対立関係は
見られず，親日的な国と見なされている。2003年の「日越投資保護協定」締結，
2007年のWTOへの正式加盟，2009年の日越EPA発効などによって，近年では，
「チャイナ・プラス・ワン」としてのベトナムへの企業進出が進んでいる。経済
的には，貧富の格差，都市と地方の格差は大きく，道路などのインフラ（物流
網）と輸送品質（振動や温度への対応，誤配荷や事故など）では未整備な点が
多い。また，人材確保と育成においても日本とは大きな差がある。

(2) 業種レベルでの文化的差異

　業種レベルでの差異については，外食業に関するさまざまな問題が見られる
（図表3–10）。文化的差異に関しては，日本料理の場合，提供される料理自体が
日本の食文化やアイデンティティを表しているため，日本に対する興味や関心，
感情の抱き方がほぼ直接，魅力的要因（あるいはマイナス要因）となる。食材
に関しては，海産物や調味料，乾物など，現地での調達自体が難しい商品が一
部あることや，酒類のように現地で調達できても品種が少なく高価格なものも
ある。仕入れ先の業者は品質管理が不十分なため，当初の契約とは異なる品質
の食材が納入され，食材の品質が不安定になることがある。接客サービスにつ
いては，目配り・気配りといった心遣いやホスピタリティの重要性が認識され
ていないため，日本では当たり前の基本的なことから教えていく必要がある。
備品や食材，売上金の持ち逃げといったトラブルにも注意しなければならない。
また，手洗いの習慣がないなど，衛生観念の相違も問題となっている。社会的
ネットワークに関する差異は，店舗用地の確保において大きな影響をもたらす。

図表3-10　日越間における外食業での差異

文化的差異	制度的差異
• 日本料理は，日本の食文化やアイデンティティを表す（魅力的要素） • 日本から輸入される食材は日本固有の品質を伴う • 食材調達の困難さ（少品種・高価格） • 食材の品質管理の不備⇒品質の不安定性 • 接客サービス（心遣いやホスピタリティ）に対する認識の違い • 業務に関する倫理観の欠如（持ち逃げや金銭トラブル） • 衛生観念の欠如（手洗いの習慣など）	• 国際法（日越投資保護協定，WTO） • 国内法（企業法，商法，食品安全法など） • 企業を設立し，外食事業を展開する際の法的手続き（許可・ライセンスの取得） • 不動産賃貸契約における商慣習 • 店舗の立地による規制やライセンス • 通関手続きのトラブル（遅延や賄賂） • レッドインボイス取得による追加コスト
地理的差異	経済的差異
• 食材の調達（輸入）コスト • 物流網やコールドチェーンの不備（都市中心部へのトラックの進入制限） • 立地や建物によるインフラの差（老朽化や停電など）	• 所得格差，都市と地方の格差 • 労働コスト，出店コストの差 • 勤務態度，知識やスキルの差 • 管理職／非管理職での採用の容易さの差 • 現地業者の契約意識やスキルの差 • 食材の調達コストが価格に直接反映される • 現地の嗜好やトレンドへの迅速な対応

ハノイやホーチミンといった都市部では日系の不動産仲介業者やコンサルティング企業が存在するため，現地の業者と合わせて比較検討することができる。[12]また，現地パートナーの人脈を活用するケースもあり，社会的ネットワークに関する差異は大きくはないと見られる。

　制度的差異に関しては，日越投資保護協定とWTO公約によって外食産業に対する投資規制は緩和されたが，国内法では投資法の細則が出されていないことから，手続きは不明瞭になっている。現地で企業を設立し，外食事業を展開する際には，IRC（Investment Registration Certificate；投資登録証明書）やERC（Enterprise Registration Certificate；企業登記証明書）の申請といったさまざまな法的手続きと，食品安全衛生証明書や環境保護計画登録書（200㎡以下のレストランは不要）などの許可・ライセンスの取得が必要となる。[13]不動産賃貸契約に関しては，オーナーとの直接交渉やデポジット制など，現地特有の商慣習が見られる。また，店舗の立地によっては，看板などに関する規制や

ライセンスが必要になる。食材の輸入に際しては，通関手続きの遅れや，賄賂の要求と拒否に伴うトラブルがある。レッドインボイスは，食材などの購入費を経費として処理する上で必要だが，取引相手が地場の企業や個人事業者の場合には発行を受けられないことがある。また，それが発行され取得できたとしても，付加価値税が上乗せされるために，仕入れ価格が割高になる。

　地理的差異については，海産物などの食材の調達コストや，道路などの輸送網とコールドチェーン（生鮮品や冷凍食品などを低温・冷蔵・冷凍状態のまま流通させるシステム）の不備が大きな問題点となる。[14]日本から食材を直接調達する場合，空輸に要するコストだけでなく，輸入ライセンスの取得，成分分析表の提出，検疫手続きなどが必要であるため，全体的な調達コストが高くなる。日本食材を扱う現地の業者を介しても，日本の1.5〜3倍の価格になるだけでなく，契約時に合意した食材の品質が守られなくなるケースもある。また，ベトナムでは，道路の道幅や時間帯によって都市中心部へのトラックの進入が制限されているため，代替となるバイク輸送での温度管理が難しいことや，倉庫業者や卸・小売業者による温度管理も不十分である。さらに，店舗の立地や建物によっては老朽化や停電などによるトラブルもあり，修繕費用や自家発電機の購入費用などがかかることがある。

　経済的差異については，貧富の格差，都市と地方との経済格差は日本と大きな違いがある。勤務態度については，上司や周囲のスタッフに報告・連絡・相談するという習慣がないことや，責任感の乏しさ，業務の手抜き，時間を守らないといった点や，店舗マネジメントに関する知識やスキルの乏しさなどが挙げられる反面，非管理職の採用に関しては比較的人材を集めやすいという点がある。[15]仕入先や店舗の内装施工などの現地の業者の中には，当初の契約条件を守らず，指定した納期や時間にルーズであったり，使用材質や作業スキルの質が低いケースがある。労働コストは日本に比べれば低いものの，出店コストは都心部になれば高騰する。食材の仕入れコストは価格に直接反映されるため，現地企業との価格競争では不利な状況になる。日本酒など，提供できる酒類も限られるので，同業他社間とのメニューでの差別化もしづらい。こうした条件のもと，現地の嗜好やトレンドに柔軟に対応していかなければならない。

(3) 現地で背負う不利な条件

　日系外食企業が現地で背負う可能性のある不利な条件は，図表3-11の通りである。まず第1に，現地の食文化や慣習に適応していく上での条件がある。ベトナムの外食市場では，圧倒的に現地料理のシェアが高く，外国料理はまだマイナーな存在である。外食の頻度は高いものの，朝食（路上店）の割合が高く，昼食，夕食と遅い時間帯になるほど頻度は低くなる。外食で注文するメニューは，麺料理，米料理，鍋が多く，アルコール飲料の注文頻度は低い。味付けは，甘い，辛い，酸っぱい料理が好まれる。富裕層はあまり金額を気にしないが，中間層は価格を意識する。日系外食企業にとっては，メニュー構成や味付け，価格帯（客単価）などで，現地の日本人の嗜好と，ベトナム人の嗜好との双方に適合する必要がある。

　制度面は，(2)で指摘した通り，各種の法的手続きがあるので，現地の日系コンサルティング企業や現地パートナーを活用した対応が有効となる。さまざまな法規制や商慣行，賄賂要求への対応なども必要となる。地理的な面も(2)と同様，食材調達の困難さが大きなネックとなっている。経済的な面では，食材調達コストとともに，人材育成に要するコスト，現地の商慣行（賄賂）やトラブルに対応する日本人駐在員のコスト，高価格帯で硬直的になりがちなメニュー構成のもとでの競争環境などが不利な条件となる。

図表3-11　日系外食企業が現地で背負う可能性のある不利な条件

文化的に不利な点	制度的に不利な点
● 食文化，慣習の違い ● 現地の嗜好への適合（味やメニュー） ● 異なるターゲット層への適合：現地日本人／現地の富裕層／現地の中間層 ● ベトナム料理への高い選好度	● 国際法や国内法にもとづく手続き 　– コンサルティング企業や現地パートナーの活用 ● 現地当局による賄賂の要求 ● さまざまな規制要件
健康，安全，環境問題に関する自国基準の影響度，より一般的には社会的影響力	
地理的に不利な点	経済的に不利な点
● 食材の調達コスト ● 物流網やコールドチェーンの未整備 ● 現地の監督要件（保健衛生や消防法など）	● コスト面での不利（食材調達，人材育成，日本人駐在員などのコスト） ● さまざまな商慣行や慣習，賄賂等への対応 ● 多様な価格とメニュー（品揃え）展開の困難さ ● 現地の同業他社との競争

（4）適応のためのツール

　ベトナム外食市場への適応策として，図表3-4で示した多様化戦略にもとづいて考察していく（図表3-12参照）。料理に関しては，食材や調味料，調理方法などの組合わせによるメニューの多様化や，デザートや飲み物などの選択肢を増やすなどして多様な嗜好にある程度適応することができるだろう。接客サービスに関しては，日系企業との認識ギャップが大きいため，現時点での多様化は難しく，当面はメインターゲットに即したサービスレベルの徹底が必要条件となる。方針については，ターゲット層に合わせたメニュー構成と価格帯を明確に設定する必要があるとともに，これに合わせたポジショニング戦略を展開していくことになる。場合によっては，日本とは異なる戦略（高級化／大衆化など）になることもあるだろう。日本の外食市場が飽和・成熟期にあるのに対して，ベトナムの外食市場を成長期として捉えるならば，日本料理はまだ市場占有率が低く，収益率も高くないかもしれないが，将来の成長性を見込んだ目標設定（先行投資等）をすることも考えられる。

　絞り込みに関しては，店のメインメニューとそれ以外の料理とを明確に区別するとともに，鮮度や調理工程などの品質管理に注力する必要がある。地域的には，日本料理に対するニーズの高い地域に絞り込んだ出店とプロモーションが有効となるだろう。食材の調達から店舗運営まで自社で一括管理する方法は，多大なコストがかかるため，食材の品質管理や店舗調理といったコアの領域に特化した垂直的な絞り込みを図ることも考えられる。セグメントに関しては，年齢や性別，所得層など，メインターゲットの絞り込みが重要になる。

　外部化には，現地企業との戦略的提携やフランチャイズなどがあるが，特に食材の調達と品質管理に関しては，ペナルティを設けるなどの厳密な管理が必要であろう。現地や周辺国に進出している日系食品メーカーや同業他社との戦略的提携による食材調達という選択肢も十分に考えられる。設計における柔軟性としては，基本メニューに調味料やトッピングなどを変えるといった工夫でメニューの多様化に伴うコストを削減できる。領域分割は，日本のメニューやサービスを部分的に現地化させ，ベトナム独自のメニュー展開を図ることで可能である。規格化では，食材の品質管理だけでなく，店内調理や接客業務などをマニュアル化することで負担を軽減できるだろう。モジュール化に関しては，メイン料理と付け合わせとの組合わせなどによって，低コストで多様なメニュ

図表3-12　ベトナム外食市場における多様化戦略

多様化	絞り込み
● 食材，調味料，調理方法による多様化 ● ターゲット層に合わせたメニュー構成と価格帯，サービス展開，それに合わせたポジショニング戦略 ● 成長市場における数値設定	● メイン（看板）メニューの絞り込みと品質 ● 日本料理へのニーズの高い地域での展開 ● 食材調達から店舗運営までの垂直的絞り込み ● 年齢，性別，所得層などによるセグメントの絞り込み

外部化	設計
● 戦略的提携（厳密な管理が必要） ● 日系食品メーカーや同業他社との提携 ● フランチャイズ化	● 柔軟性：基本メニュー＋オプション ● 領域分割：部分的な現地化や現地メニュー ● 規格化：品質管理や作業内容のマニュアル化 ● モジュール化：メイン＋付け合わせの組合わせ

イノベーション
● 移転：空輸による鮮度の高い海産物の提供 ● 現地化：モニター活用によるメニュー開発 ● 再結合：日本の調理法＋現地の料理人 ● 変革：日本での空間づくりの実現

ーを実現できる。イノベーションの移転に関しては，牡蠣などの海産物の空輸によって，新鮮な魚介類を楽しむという食習慣が現地でも受容可能であることを示す例といえる。現地化では，モニターを活用するなどして，現地独自の味付けやメニュー開発が可能であろう。再結合では，寿司や刺身などの調理法は日本と同じ方法を踏襲するが，調理と料理の説明は現地の料理人が行うことで実現可能になる。変革に関しては，日本の料亭と同じ内外装，BGM，接客などで日本料理を楽しめる空間づくりを行うことで，日本と同じような食の経験を浸透させていく方法が考えられる。

4 まとめ

　ASEAN諸国の経済力が高まるにつれ，製造業を中心とする日系企業の現地進出が増加する中，2000年代に入ってからはサービス業のASEAN進出も盛ん

になった。そうした中，ASEAN市場におけるサービス・マーケティングの重要性は，実務面でも学術面でも高まっている。こうした背景を踏まえ，本稿では，文化的差異の概念を通して，ベトナムにおける日系外食企業のサービス・マーケティングについて考察していった。

　国レベルでの文化的差異については，特にインフラ（物流網）と輸送品質（振動や温度への対応，誤配荷や事故など），人材確保と育成に大きな課題があるといえる。業種レベルでの差異については，日本料理が持つ文化的特性，食材の調達・加工・配送システム，接客サービスに対する意識の違い，現地の法制度と商慣行，人材の確保と育成などにおける課題が明らかになった。こうした課題や不利な条件に対しては，適応のためのツールが有効であることが確認できた。

　川端（2013）は，日本料理のグローバル化と，日系外食企業（チェーン）のグローバル化は，本質的にまったく異なるものであることを指摘した上で，外食企業の海外進出には，現地でのオペレーション・システム構築が重要であることを論じている。[16] 日本料理のグローバル化とは，日本料理が海外のさまざまな国々へと伝搬され，現地で受容されていくプロセスであり，受容する側の文化・社会・経済的要因が密接に関係している。これに対して，日系外食企業のグローバル化は，日系外食企業がさまざまな国に進出し，利益を獲得していくプロセスであり，受容する側の要因のみならず，主体である企業のマネジメント要因とも密接に関係している。日本料理が受容されている国であっても，そこで外食チェーンのマネジメントが成立するか否かは別の問題である。したがって，外食企業のグローバル化においては，国際的なフランチャイズ・システムの構築と，現地でチェーン展開する際のオペレーション・システムの構築が重要になる。オペレーション・システムとは，①食材の調達・加工・配送システム，②出店システム，③人材育成システムから成る，チェーン展開によって利益を上げるための基盤である。

　本稿では，CAGEフレームワークにもとづいて，それぞれの文化的差異の特徴と課題について考察していったため，上記①～③を別々の観点から論じていった。しかし，日系外食企業（チェーン）の実情を考えれば，食材の安定供給体制（品質の安定）と，店舗開発，人材育成は，重要な事業基盤として一体的に理解する必要がある。ただしそれは，必ずしも，川上から川下まで自社です

べてを一括管理・運営しなければならないものではなく，多様化戦略における垂直的絞り込みや外部化をツールとして，戦略的提携やフランチャイズ・システムを適宜活用していくことになるだろう。また，日本料理には，料理人のスキルと経験が求められる部分が少なくないため，調理スキルの継承と効率化が人材の確保・育成や，出店戦略，店内オペレーションに影響を及ぼしている。こうした点に関しても，今後の研究課題となるだろう。

[注記]

1）一般社団法人日本フードサービス協会「データからみる外食産業」http://www.jfnet. or.jp/data/data_c.html（2020/09/14）。

2）農林水産省「海外における日本食レストラン数の調査結果（令和元年）の公表について」https://www.maff.go.jp/j/press/shokusan/service/attach/pdf/191213-1.pdf（2020/09/10）。

3）東洋経済新報社『海外進出企業総覧2020年版』2020年，「業種別の現地法人数（地域・主要国別）(1)」。

4）日本貿易振興機構（2016）「シンガポールにおける日本食レストランの出店状況及び日本食材の流通状況調査」https://www.jetro.go.jp/ext_images/_Reports/02/2016/bf290058d8a77515/rp_research_jpstSingapore201603.pdf（2020/09/10）。

5）日本貿易振興機構（2019）「2019年度タイ国日本食レストラン店舗数調査」https://www.jetro.go.jp/ext_images/_News/releases/2019/50519114bd17145e/2-report.pdf（2020/09/10）。

6）日本貿易振興機構（2018）「日本企業の海外事業展開を読む」https://www.jetro.go.jp/biz/areareports/special/2018/0402.html（2020/09/14）。

7）日本貿易振興機構（2017）「拡大するASEAN市場へのサービス業進出」https://www.jetro.go.jp/ext_images/_Reports/02/2017/111ae1b02e810d00/asean_service.pdf（2020/09/14）。

8）日本貿易振興機構（2017）「日本食品消費動向調査ベトナム」https://www.jetro.go.jp/world/reports/2017/02/5950207b8dccdcff.html（2020/9/20）。

9）Foody Corporation, https://www.foody.vn（2020/9/20）。

10）Decision Lab（2018）Foodservice Industry Seminar2018.この調査は，ハノイ，ダナン，ホーチミンの3都市の住民（フードサービス・モニター，年間15,000人）に対する，2016年の第4四半期から2018年の第3四半期の間の外食サービスの利用動向に関する調査である。https://www.decisionlab.co/library/vietnams-foodservice-industry-in-2018（2020/09/10）。

11）詳細はDecision Lab（2018）参照。

12）詳細については，日本貿易振興機構（2016）「ベトナムにおける外食産業進出の現状・可能性調査」19-28頁を参照されたい　https://www.jetro.go.jp/world/reports/2016/02/4e89d739bdb26e58.html（2020/9/20）。

13）日本貿易振興機構（2016）前掲書。

14）日本貿易振興機構（2016）前掲書。

15）日本貿易振興機構（2016）前掲書。

16）川端基夫（2013）「外食グローバル化のダイナミズム：日系外食チェーンのアジア進出を例に」『流通研究』第15巻第2号，3-23頁。

[引用・参考文献]

アジア産業研究センター（2016）「海外アンケート調査 調査報告：2015年度ベトナム」『メコン諸国における経済統合の中小企業への影響についての研究：「ASEANサプライチェーン」の観点から』アジア産業研究センター年報第2号，専修大学社会知性開発研究センター／アジア産業研究センター，211-222頁。

江夏健一，藤澤武史，大東和武司編著（2008）『サービス産業の国際展開』中央経済社。

Ghemawat, Pankaj（2007a）Redefining global strategy: Crossing borders in a world where distance still matters, Harvard Business Press, パンカジ・ゲマワット著，望月衛訳『コークの味は国ごとに違うべきか』2009年，文藝春秋。

Ghemawat, Pankaj（2007b）"Differences Across Countries: The CAGE Distance Framework", Harvard Business School Press.

小林守（2019）「ベトナムビジネス環境の改善の歩み：1990年代〜2000年代を巡って」『メコン諸国における経済統合の中小企業への影響と対応−持続可能なASEANを目指して−』アジア産業研究センター年報第5号，専修大学社会知性開発研究センター／アジア産業研究センター，3-26頁。

第**4**章

東南アジア各国の貨物輸送の特徴

1 はじめに

　本章では，東南アジアのベトナム，タイ，カンボジア，ミャンマーの4か国を対象に，貨物輸送の特徴を明らかにしていく。

　具体的には，これら4か国のインフラの整備実態を既存のデータをもとに明らかにする。次に，各国の輸出入額のデータをもとに，4か国間の輸出入の実態を明らかにする。最後に，2015年から2017年に4か国で実施したアンケート調査の結果から，国内輸送及び，輸出入で利用されている輸送機関の特徴と，各国の貨物輸送の課題を明らかにしていく。

2 東南アジア4か国のインフラの整備実態

2-1　インフラの整備実態の分析方法

　本節では，既存のデータを用いて，ベトナム，タイ，カンボジア，ミャンマーのインフラの整備の推移を，輸送機関（自動車，鉄道，船舶，航空機）別に明らかにする。

　本分析で使用するデータは，ATJP Information CenterのHP[1]に掲載されているASEAN各国の道路輸送，鉄道輸送，船舶輸送，航空機輸送に関する統計データである。

2-2 東南アジア4か国の道路の整備実態とトラックの登録台数の推移

(1) 道路総延長の推移

　ベトナム，タイ，カンボジア，ミャンマーの2008年から2018年の道路総延長と舗装率とトラックの登録台数の推移を示した。なお，今回使用した統計資料に2013年と2014年の4か国の道路総延長と舗装率とトラックの登録台数のデータの記載がなかった。さらに2017年のミャンマーのトラックの登録台数のデータの記載がなかった。そのため，該当部分のデータを未記載としている。

　道路総延長は，ミャンマーの2018年を除いて，増加傾向が見られる。また国別に比較すると，2017年度までは，道路総延長はベトナムが最も大きかったが，2018年は，タイが最も大きい値を示している。なお，この9年間で，道路総延長は，ベトナムでは99,954km，タイでは232,628km，カンボジアでは31,790km，ミャンマーでは37,366km増加していた（図表4-1）。

(2) 舗装率の推移

　舗装率は，道路総延長に対する舗装されている道路延長の比率のことである。

　舗装率は，カンボジアとミャンマーとベトナムは，おおむね増加傾向が見られた。タイは，2016年までは，大きな変化が見られなかった。しかし2017年から減少傾向が続いていた。なお，舗装率は，2017年までは，この4か国では，タイが最も大きい値を示していたが，2018年は，この4か国ではベトナムが最も大きい値を示していた（図表4-2）。

(3) トラックの登録台数の推移

　トラックの登録台数は，各国ともこの9年間で増加傾向が見られる。4か国では，2015年までは，トラックの登録台数は，タイが最も大きかったが，2016年からは，ベトナムが最も大きい値を示している。なお，この9年間で，トラックの登録台数は，ベトナムでは約83万台，タイでは35万台，カンボジアでは0.7万台，ミャンマーでは34万台増加していた（図表4-3）。

図表4-1　ベトナム，タイ，カンボジア，ミャンマーの道路総延長の推移

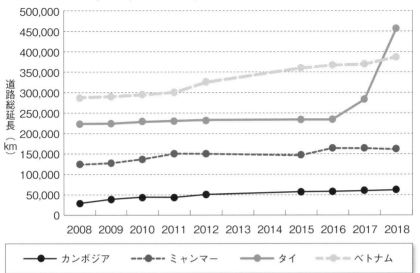

図表4-2　ベトナム，タイ，カンボジア，ミャンマーの舗装率の推移

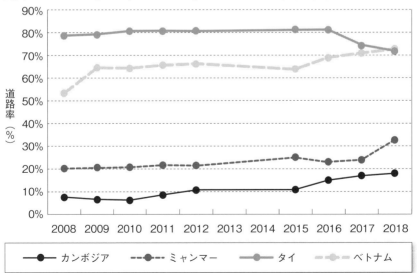

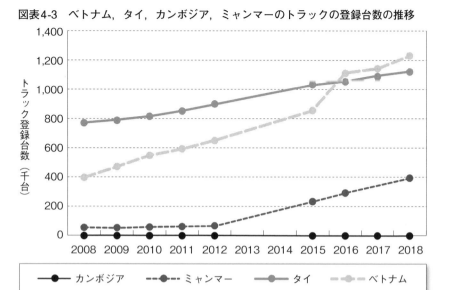

図表4-3　ベトナム，タイ，カンボジア，ミャンマーのトラックの登録台数の推移

2-3　東南アジア4か国の鉄道の路線全長と貨車数の推移

(1) 鉄道線路の総延長の推移

　ベトナム，タイ，カンボジア，ミャンマーの2008年から2018年の鉄道線路の総延長と貨車の台数のデータを用いて推移を示した。なお，今回使用した統計資料に2013年と2014年の4か国の鉄道線路の総延長と貨車数のデータの記載がなかった。さらに2018年のカンボジアの貨車数データの記載がなかった。そのため，該当部分のデータを未記載としている。

　鉄道線路の総延長は，カンボジアは大きな変化が見られなかった。それ以外のミャンマー，タイ，ベトナムでは，おおむね増加傾向が見られた。なお，この9年間で，鉄道線路の総延長は，ベトナムでは586km，タイでは590km，カンボジアでは–2km，ミャンマーでは987km変化していた（図表4-4）。

(2) 貨車数の推移

　貨車とは，貨物輸送専用の鉄道車両のことである[2]。

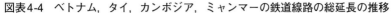

図表4-4　ベトナム，タイ，カンボジア，ミャンマーの鉄道線路の総延長の推移

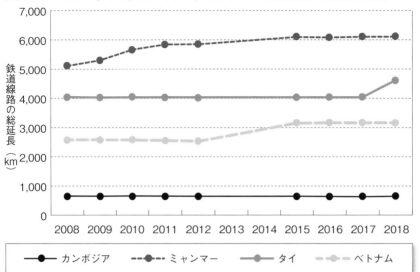

図表4-5　ベトナム，タイ，カンボジア，ミャンマーの貨車数の推移

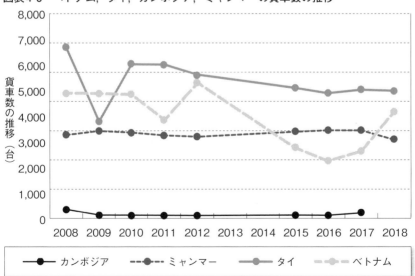

貨車の台数は，途中で増減を繰り返している国もあるが，おおむね減少傾向が続いている。特にこの間では，ベトナムでは731台，タイでは，1,690台，ミャンマーでは152台減少していた（図表4-5）。

2-4　東南アジア4か国の船舶輸送に関わる統計データの推移

(1) 国内港の数の変遷

　タイ，カンボジア，ミャンマーの2008年から2018年の国内港の数，2008年から2017年の国際港の数のデータを用いて推移を示した。なお，今回使用した統計資料には，ベトナムの国内港の数と国際港の数がデータの記載がなかった。また，2013年と2014年の3か国の国内港と国際港のデータの記載がなかった。そのため，該当部分のデータを未記載としている。

　国内港の数は，カンボジアは，この間で2港減少していた。ミャンマーは変化が見られなかった。タイは，一時期は減少していたが，11港増加していた（図表4-6）。

(2) 国際港の数の変遷

　国際港の数は，国に関わらず，大きな変化が見られない。特にカンボジアとミャンマーは，この間で，それぞれ1港増加していた（図表4-7）。

2-5　東南アジア4か国の航空輸送に関わる統計データの推移

(1) 国内空港の数の推移

　ここでは，ベトナム，タイ，カンボジア，ミャンマーの2008年から2018年の国内空港の数，国際空港の数のデータを用いて推移を示した。なお，今回使用した統計資料に2013年と2014年の4か国の国内空港数と国際空港数のデータの記載がなかった。そのため，該当部分のデータを未記載としている。

　その結果，国内空港の数は，カンボジアは，この8年間で1港減少していた。ミャンマーは29港減少していた。タイは，2015年に1港増え，2016年にはさらに1港増えたが，2018年には2港減少していた。ベトナムは，3港減少していた（図表4-8）。

図表4-6 タイ，カンボジア，ミャンマーの国内港の推移

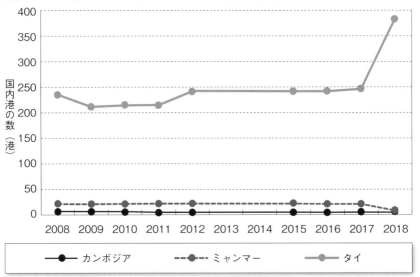

図表4-7 タイ，カンボジア，ミャンマーの国際港の推移

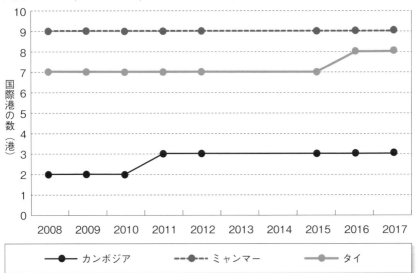

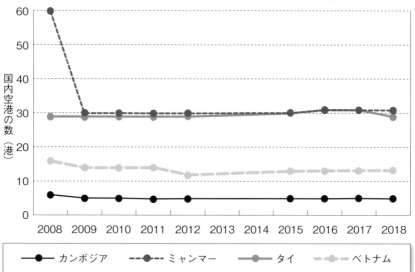

図表4-8　ベトナム，タイ，カンボジア，ミャンマーの国内空港の推移

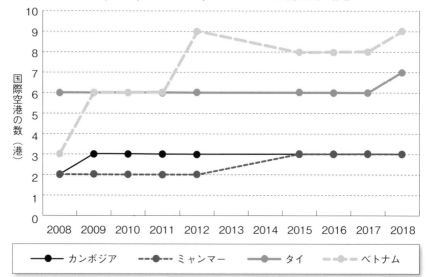

図表4-9　ベトナム，タイ，カンボジア，ミャンマーの国際空港の推移

(2) 国際空港の数の推移

　国際空港の数は，ベトナムは，この間で6港増加していた。その他のタイ，カンボジア，ミャンマーは1港増加していた（図表4-9）。

3 東南アジア4か国間の輸出入の実態

3-1　東南アジア4か国間の輸出入の実態の分析方法

　本節では，既存のデータを用いて，ベトナム，タイ，カンボジア，ミャンマーの4か国間の輸出入実態を明らかにする。

　ここで使用するデータは，ASEAN Stats Data PortalのHP³⁾に掲載されている，ベトナム，タイ，カンボジア，ミャンマーの4か国とした2019年の輸出入差額の合計のデータである。

3-2　2019年の4か国間の輸出入の実態

(1) 2019年の4か国間の輸出実態

　4か国間の輸出額を集計した結果，カンボジアからの輸出額は，タイが最も多く，カンボジア全体の約57.4を占めていた。次に多いのは，ベトナムで，カンボジア全体の約42.1％を占めていた。ミャンマーからの輸出額は，タイが最も多く，ミャンマー全体の約93.0％を占めていた。タイからの輸出額は，ベトナムが最も多く，タイ全体の約51.3％を占めていた。次に多いのは，カンボジアで，タイ全体の約30.3％を占めていた。ベトナムからの輸出額は，タイが最も多く，ベトナム全体の約50.1％を占めていた。次に多いのは，カンボジアで，ベトナム全体の約42.8％を占めていた（図表4-10，図表4-11）。

(2) 2019年の4か国間の輸入実態

　4か国間の輸出額を見ると，カンボジアの輸入は，タイからの輸入額が最も多く，カンボジア全体の約46.3％を占めていた。次に多いのは，ベトナムで，カンボジア全体の約46.3％を占めていた。ミャンマーの輸入額は，タイが最も多

図表4-10　4か国間の2019年の輸出額

(単位：US ドル)

輸出元 / 輸出先	カンボジア	ミャンマー	タイ	ベトナム	合計
カンボジア	0	17,070,029	7,143,637,054	4,311,011,872	11,488,546,052
ミャンマー	4,019,644	0	4,365,373,281	721,494,372	5,092,814,948
タイ	511,312,987	3,228,870,410	0	5,050,229,704	11,197,262,000
ベトナム	374,977,081	227,704,810	12,103,223,430	0	13,760,804,998
合計	890,309,712	3,473,645,249	23,612,233,765	10,082,735,948	41,539,427,998

図表4-11　4か国間の2019年の輸出額の割合

輸出元 / 輸出先	カンボジア	ミャンマー	タイ	ベトナム
カンボジア	0.00%	0.49%	30.25%	42.76%
ミャンマー	0.45%	0.00%	18.49%	7.16%
タイ	57.43%	92.95%	0.00%	50.09%
ベトナム	42.12%	6.56%	51.26%	0.00%
合計	100.00%	100.00%	100.00%	100.00%

図表4-12　4か国間の2019年の輸入額

(単位：US ドル)

輸入先 / 輸入元	カンボジア	ミャンマー	タイ	ベトナム	合計
カンボジア	9,516,893	2,336,627	2,266,726,543	902,384,894	3,181,302,539
ミャンマー	10,531,491	0	3,245,957,252	231,421,973	3,490,878,375
タイ	3,106,475,912	2,171,407,622	3,680,941,369	11,676,079,763	23,551,377,440
ベトナム	2,696,731,910	624,908,289	5,465,204,336	0	9,238,313,033
合計	5,823,256,206	2,798,652,538	14,658,829,500	12,809,886,630	39,461,871,387

図表4-13　4か国間の2019年の輸入額の割合

輸入先 / 輸入元	カンボジア	ミャンマー	タイ	ベトナム
カンボジア	0.16%	0.08%	15.46%	7.04%
ミャンマー	0.18%	0.00%	22.14%	1.81%
タイ	53.35%	77.59%	25.11%	91.15%
ベトナム	46.31%	22.33%	37.28%	0.00%
合計	100.00%	100.00%	100.00%	100.00%

く，ミャンマー全体の約77.6％を占めていた。タイの輸入額は，ベトナムが最も多く，タイ全体の約37.3％を占めていた。ベトナムの輸入額は，タイが最も多く，ベトナム全体の約91.1％を占めていた（図表4-12，図表4-13）。

4 アンケート調査にもとづく4か国の貨物輸送の実態と課題

4-1　アンケート調査の目的とアンケート調査の概要

　本節では，著者らが過去に実施したアンケート調査の結果を用いて，ベトナム，タイ，カンボジア，ミャンマーの4か国の貨物輸送の実態と課題を明らかにする。

　本分析で用いるアンケートは，①ベトナム，②タイ，ミャンマー，③カンボジアの企業を対象に実施した。アンケート項目は，1.当該地域への進出目的，2.生産場所，3.主な販売先，4.事業で重要視している項目，5.経営課題の重要性，6.事業展開におけるマネジメント上の課題，7.ロジスティクスの課題，8.輸送業務の実態，9.倉庫の種類と立地場所，10.今後の進出先として関心のある国・地域及び進出の形態の10項目であった。

　ベトナムでは，2015年にベトナムの企業101社を対象にアンケート調査を実施した[4]。タイでは，2016年にタイの企業73社を対象にアンケート調査を実施した[5]。ミャンマーでは，2016年に，ミャンマーの企業30社を対象にアンケート調査を実施した[6]。カンボジアでは，2017年にカンボジアの企業42社を対象にアンケート調査を実施した[7]。

　調査対象企業の規模を年間の売上高で示すと，ベトナムでは年間の売上高が1,000,000＄以上の企業が最も多く，ベトナム全体の約51.5％を占めていた。カンボジアでは，年間の売上高が100,000～300,000＄未満の企業が最も多く，カンボジア全体の約28.6％を占めていた。タイでは，年間の売上高が100,000＄未満の企業が最も多く，タイ全体の約31.5％を占めていた。ミャンマーでは，年間の売上高が1,000,000＄以上の企業が最も多く，ミャンマー全体の約30.0％を占めていた（図表4-14，図表4-15）。

図表4-14 年間売上高別のアンケート調査対象の企業数[4), 5), 6), 7)]

年間売上高	ベトナム	カンボジア	タイ	ミャンマー	合計
100,000$未満	7	5	23	5	40
100,000～300,000$未満	13	12	12	3	40
300,000～500,000$未満	10	9	10	6	35
500,000～1,000,000$未満	10	3	6	1	20
1,000,000$以上	52	11	22	9	94
無回答	9	2	0	6	17
合計	101	42	73	30	246

図表4-15 年間売上高別のアンケート調査対象の企業の割合[4), 5), 6), 7)]

年間売上高	ベトナム	カンボジア	タイ	ミャンマー	合計
100,000$未満	6.93%	11.90%	31.51%	16.67%	16.26%
100,000～300,000$未満	12.87%	28.57%	16.44%	10.00%	16.26%
300,000～500,000$未満	9.90%	21.43%	13.70%	20.00%	14.23%
500,000～1,000,000$未満	9.90%	7.14%	8.22%	3.33%	8.13%
1,000,000$以上	51.49%	26.19%	30.14%	30.00%	38.21%
無回答	8.91%	4.76%	0.00%	20.00%	6.91%
合計	100.00%	100.00%	100.00%	100.00%	100.00%

4-2 アンケート調査の結果

(1) 国内の輸送方法の実態

　国内の輸送方法の実態では，輸送方法として，①自社輸送，②日系物流事業者に輸送を委託，③国内の物流事業者に輸送を委託，④その他の4つを示し，各企業から回答を得た。なお，回答は，複数回答可で，ベトナムは131，カンボジアは45，タイは84，ミャンマーは35の回答があった。

　その結果，ミャンマーを除いて国内の輸送方法は，③国内の物流事業者への委託が最も多かった。その次に多い輸送方法は，国によって異なり，ベトナムとカンボジアは，②日系物流事業者への委託が多く，タイは，①自社輸送が多かった。ミャンマーは，①自社輸送が最も多く，次に多いのは，③国内の物流事業者への委託であった（図表4-16）。

(2) 輸出時の輸送方法の実態

　輸出時の輸送方法の実態では，輸送方法として，①トラック輸送，②鉄道輸送，③船舶輸送，④航空機輸送の4つを示し，各企業から回答を得た。なお，回答は，複数回答可で，ベトナムは214，カンボジアは57，タイは108，ミャンマーは36の回答があった。

　その結果，ベトナムとタイの輸出時の輸送方法は，①トラック輸送が最も多く，次に多いのは，③船舶輸送であった。カンボジアは，③船舶輸送が最も多く，次に多いのは，①トラック輸送であった。ミャンマーは，①トラック輸送と③船舶輸送が同じ割合で多かった。なお，鉄道の利用としている企業の回答は，ベトナムとミャンマーではなかった（図表4–17）。

(3) 輸入時の輸送方法の実態

　輸入時の輸送方法の実態では，輸送方法として，①トラック輸送，②鉄道輸送，③船舶輸送，④航空機輸送の4つを示し，各企業から回答を得た。なお，回答は，複数回答可で，ベトナムは200，カンボジアは65，タイは84，ミャンマーは44の回答があった。

　その結果，ミャンマーを除いて，輸入時の輸送方法は，③船舶輸送が最も多く，次に多いのは，①トラック輸送であった。ミャンマーは，①トラック輸送が最も多く，次に多いのは，③船舶輸送であった。なお，鉄道の利用としている企業の回答は，ベトナムとミャンマーではなかった（図表4–18）。

(4) ロジスティクスに関する課題の調査結果

　ロジスティクスに関する課題について，課題の例として，①通関業務の手間，②道路の整備状況，③コンテナ処理能力，④港の開港時間，⑤輸送品質，⑥物流品質，⑦その他の7つを示し，各企業から回答を得た。なお，回答は，複数回答可で，ベトナムは177，カンボジアは81，タイは154，ミャンマーは65の回答があった。

　アンケート調査の結果，国に関わらず，ロジスティクスに関する課題として，①通関業務の手間が最も回答が多かった。なお，タイは，⑤輸送品質も同数の回答があった。次に多い回答は，国によって異なり，ベトナムは，⑤輸送品質であった。カンボジアは，⑤輸送品質と②道路の整備状況が同数であった。ミ

図表4-16 ベトナム，タイ，カンボジア，ミャンマーの国別の国内輸送に利用している輸送手段の割合

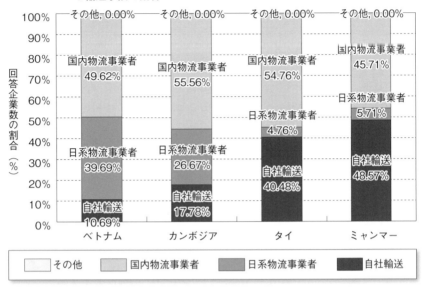

図表4-17 ベトナム，タイ，カンボジア，ミャンマーの国別の輸出時に利用している輸送手段の割合

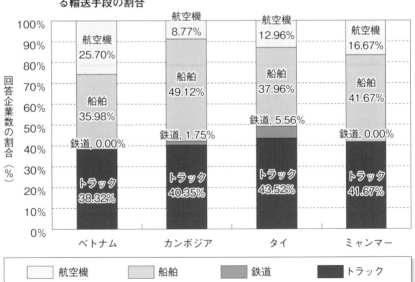

図表4-18　ベトナム，タイ，カンボジア，ミャンマーの国別の輸入時に利用している輸送手段の割合

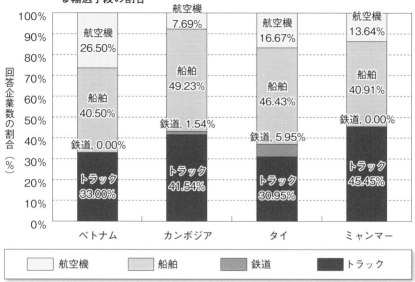

図表4-19　ベトナム，タイ，カンボジア，ミャンマーの国別のロジスティクスに関する課題の割合

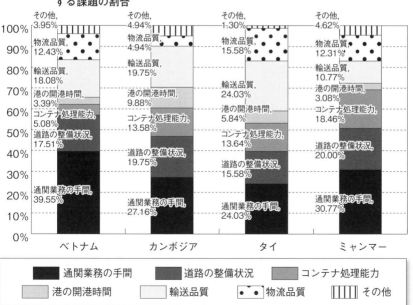

ャンマーは，②道路の整備状況であった。3番目に多い回答は，ベトナムは，②道路の整備状況であった。タイは，②道路の整備状況と⑥物流品質が同数であった。ミャンマーは，③コンテナ処理能力であった（図表4-19）。

　ロジスティクスに関する課題についてのアンケート調査の結果から，ベトナム，カンボジア，タイは，①通関業務の手間を除くと，⑤輸送品質と②道路整備を課題としていた。一方で，ミャンマーは，①通関業務の手間を除くと，②道路整備と③コンテナ処理能力を課題としており，他の国とは，③を課題として取り上げている点で異なっていた。これら2つの課題はインフラの整備に関わる課題である。そのため，ミャンマーでは，企業からはインフラ整備の必要性が求められていると想定される。

5 おわりに

　本章では，東南アジアのベトナム，タイ，カンボジア，ミャンマーの4か国を対象に，貨物輸送の特徴を明らかにした。

　具体的には，これら4か国のインフラの整備実態から，国に関わらず道路整備が進展していること，トラックの登録台数も増えていることが明らかとなった。鉄道は，分析した9年間では大きな変化が見られなかった。船舶は，タイでは，国内港の数が増えているが，その他の国や国際港については，大きな変化が見られなかった。航空機は，国内空港が2008年から2009年にかけてミャンマーで大幅な減少が見られたが，その他の国や期間では，大きな変化が見られなかった。国際空港は，ベトナムで6港増えている以外は，大きな変化が見られなかった。これらのことから，インフラの整備では，道路整備が進んでいることが考えられる。

　また，4か国間の輸出入実態では，カンボジアは，タイとベトナムとの間での輸出入額が多かった。ミャンマーは，タイとの間での輸出入額が多かった。タイは，ベトナムとの間での輸出入額が多かった。ベトナムは，タイとカンボジアとの間での輸出入額が多かった。すなわち，カンボジアとミャンマーは，隣接国との輸出入が多く，タイとベトナムは，それらに加えて，両国間の輸出入が多いことが明らかとなった。

　最後に，アンケート調査の結果から，輸出入では，国に関わらずトラックや船舶の利用が多いことが明らかとなった。また，ロジスティクスに関する課題として，通関業務の手間以外では，道路の整備状況を挙げていた。

　以上のことから，先に示したインフラの整備状況や主な輸出入先も踏まえて，貨物自動車を利用した輸送への要望が高いと考えられる。しかしながら，貨物自動車による輸送には，道路整備以外にも，貨物自動車の運転手や貨物自動車が必要である。日本では，貨物自動車による輸送では，運転手不足が課題として挙げられていた。今回対象とした4か国において，貨物輸送を今後とも続けていくためには，貨物自動車の運転手不足というリスクにも対応できるような仕組み作りを今から検討しておく必要があると考えられる。

[注記]

1 ）AJTP Information Center HP,http://www.ajtpweb.org/ajtp/statistics/index.html
2 ）新村出編（1982）『広辞苑 第二版補訂版』岩波書店，p.406。
3 ）ASEANstats HP, https://data.aseanstats.org/
4 ）専修大学アジア産業研究センター（2016）『専修大学アジア産業研究センター年報』第2号，専修大学アジア産業研究センター，pp.213-222。
5 ）新島裕基（2018）「タイにおける日系企業の進出目的及び実態に関する調査」調査結果」，『専修大学アジア産業研究センター年報』第4号，専修大学アジア産業研究センター，pp.73-83。
6 ）新島裕基（2018）「ミャンマーにおける日系企業の進出目的及び実態に関する調査」調査結果」，『専修大学アジア産業研究センター年報』第4号，専修大学アジア産業研究センター，pp.85-95。
7 ）新島裕基（2018）「カンボジアにおける日系企業の進出目的及び実態に関する調査」調査結果」，『専修大学アジア産業研究センター年報』第4号，専修大学アジア産業研究センター，pp.97-107。

※本章で用いたアンケート調査は，2014年度から2018年度の文部科学省私立大学戦略的研究基盤形成支援事業「メコン諸国における経済統合の中小企業への影響について－「ASEANサプライチェーン」の観点から」において実施したものである。

第**5**章・

米中対立とベトナムのリスク
─サプライ・チェーン再編の展望─

1 はじめに

　2018年に始まった米国と中国の貿易摩擦は，制裁と報復の応酬を繰り返し，泥沼化の様相を呈した。2019年秋の貿易協議を通じ両国は部分合意にこぎつけ，ひとまず関税合戦のこれ以上の悪化には歯止めがかかった状況にある。ただし，米中間の対立は５Ｇに代表されるハイテク分野や総領事館の相互閉鎖，中国企業が開発し展開するアプリの米国での使用禁止など，貿易分野だけでなく政治経済面へと対立の範囲は広がりつつある。

　2020年に入ると新型コロナウィルスの世界的流行が始まり，国境を越えたヒトとモノの移動が急減しただけでなく，多くの国で都市封鎖，外出禁止（自粛）措置などがとられ，世界経済は停滞した。出勤停止や需要減によって生産工場は一定期間生産停止を余儀なくされ，グローバル・サプライ・チェーン（GSC）の寸断をもたらした。例えば，世界の自動車生産大手10社の2020年４月〜５月の生産台数は生産停止や販売不振などで前年同期比５〜６割減少したとされる（『日本経済新聞』2020年８月８日）。また，世界で流通するマスク，ガウン，ゴーグルなどの医療防護具の中国生産への依存度は６割弱であったが，新型コロナウィルスの流行後は８割にまで上昇している。コロナ禍によって世界の需要が逼迫し，中国以外で増産対応ができていないことが要因とされる（『日本経済新聞』2020年８月24日）。

　このように，米中摩擦とコロナ禍は，GSCの中国生産への過度な依存に警鐘を鳴らしている。そして，グローバル企業のGSCの再編はすでに始まっている。例えば，韓国系サムスン電子は2019年末までにスマートフォン，2020年８月までにパソコンの中国生産を終了し，ベトナムで生産増強を進めるとしている

（『日本経済新聞』2019年10月3日及び2020年8月3日）。また，2020年6月に日本政府の緊急経済対策の一環で公募された「海外サプライ・チェーン多元化等支援事業」において，採択案件30件のうち15件がベトナムでの生産増強計画であった[1]。日本企業のアジア地域におけるGSCの再編で，中国への生産依存を減らし，ベトナムでの生産増強を進める動きが顕著となっている。

　本稿では，GSCの再編において生産立地の受け皿として注目されるベトナムの事業リスクについて論考する。第2節では中国リスクを整理し，リスク分散のための企業行動でもあるチャイナ・プラス・ワンと，その受け皿としてベトナムが選好される背景を述べる。第3節では，米中及び米越の貿易構造を確認し，中国では産業構造の高度化に伴って輸出財の属性変化が起こっていること，そして付加価値貿易データによる考察を通じ，中国の供給力の強さを確認する。また，中国の高度化によってベトナムの輸出構造にどのような変化をもたらしているのかについても考察する。第4節では，ベトナムの対米リスク，進出日系企業を取り巻くベトナムの事業環境リスクについて概観し，第5節でベトナムの課題と展望を述べる。

2 チャイナ・プラス・ワンの背景

2-1　中国リスクとは何か

　1990年代以降，グローバル生産企業の多くは香港に子会社を設立し，深圳などの中国内の生産請負会社に生産委託する加工貿易形態をとることによって中国生産を拡大させてきた。各社は土地，建物などの固定資産リスクや従業員雇用などの労務リスクを回避しつつ実質的な自社工場を中国内で運営できたのである。2001年に中国が世界貿易機関（WTO）に加盟すると，中国での輸出生産は最恵国待遇による関税メリットを最大限に享受できるようになり，グローバル企業の中国生産はさらに増強され，中国は「世界の工場」と呼ばれるまでに輸出生産を拡大させた（池部2012）。

　しかしながら，自社の生産領域の大部分を中国生産が担う構図は，生産が停止した際に大きな影響を被ることにもなる。中国で大規模デモや労働争議，あ

図表5-1 中国リスクの体系図

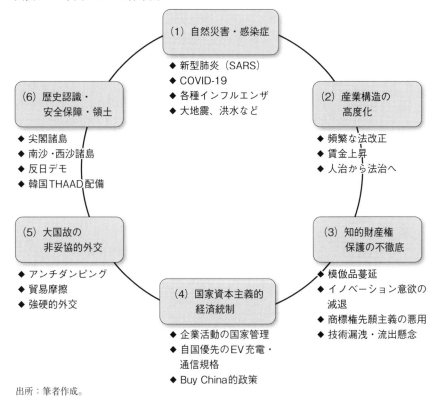

出所：筆者作成。

るいは自然災害などが発生すると生産が継続できない事態に直面するのである。図表5-1は2000年代初頭から日本企業が直面した主要な中国リスクを筆者が整理したものである。

（1）の「自然災害・感染症」については，2003年の重症急性呼吸器症候群（SARS）の流行，2008年の四川大地震，2009年の新型インフルエンザの流行，2019年末からのCOVID-19の流行などである。ただし，これら自然災害や感染症はどこの国でも起こり得るリスクであり中国固有のリスクではない。

（2）の「産業構造の高度化」が進むと，国民の生活水準向上や経済関連法制の整備や改変といった社会的条件の変更が引き起こされる。特に中国がWTOに加盟し，世界標準に適合した制度改革を進める際，企業経営のリスクとなり得

る変化も引き起こされるのである。例えば，2005年の人民元の管理変動相場制移行や，労働者保護の観点が強化された2008年の新労働契約法の施行などである。また，生活水準の向上で賃金が上昇する過程では労働者の権利意識も高まる。労働者の賃上げを要求する声が高まり，一例を示せば，2010年には自動車産業を中心に労働争議が頻発し，完成車工場が一定期間生産停止する事態に陥った。このほか，税務署や税関などの行政機関の制度運用が人治から法治へと転換されたことでもリスクが顕在化した。人治の時代は企業と行政機関担当者との間にあった暗黙の了解ともいえる柔軟な制度運用が許容されたものの，法治の時代となると制度に則した（企業にとっては不利となる）厳格で厳正な運用が始まった。例えば，加工貿易による輸入原材料の端材の処理で，廃品回収業者に有料で引き取ってもらっていたことが，担当者や地方行政トップの交代を機に，突如「密輸」と判断され企業が罰せられるなどした（池部2013）。こうした経済成長に伴う社会的条件の変化や法整備，制度運用の厳格化などは中国以外の国でも起こり得るものであり，中国固有のリスクではない。しかし，中国は1991年から2011年までの20年間で年平均10.5％と極めて高い成長率を達成しており[2]，中国で引き起こされた社会的条件の急激な変化は，他に類を見ないものであったといえるであろう。

　（3）の「知的財産権保護の不徹底」については，商標権や意匠権，特許権などが侵害され，外国企業の有名製品（ブランド）の模倣品が氾濫するといったリスクが日常的に発生した。また，池部（2013）が指摘するように，外国投資企業は自社の生産技術の流出や漏洩を警戒し，中核技術を中国に持ち込んで生産することを躊躇したり，新しい技術開発やイノベーションの努力も減退するなど，経済活動にマイナスの影響をもたらしかねない。知的財産権保護の不徹底については，他国でも発生し得るが，中国は工業技術や生産技術が進んでおり，通常の発展途上国では真似できない精巧な偽物が作られ流通している。また，長年勤めた人材が退職するなどして技術が漏洩し，自社の脅威となり得る競合会社が設立されるといったことも少なくない。中国は優れた工業力を持つ発展途上国という世界でも稀な存在である。知的財産権保護の不徹底リスクは，中国特有のリスクといえるであろう。

　（4）の「国家資本主義的経済統制」については，企業が収集した情報に国家がアクセスできることなど，国や行政が経済活動に容易に介入する事態を引き

起こしている。米系グーグルがネット検索事業への国家の介入（検閲）を理由に中国事業から撤退したことが好例であろう（山田 2010）。また，Buy China 的な政策は，リーマンショック後に国内消費刺激策が導入された際にも現れた。政府は自動車購入促進のために自動車取得税を 10％から 5 ％に低減したものの，外資系企業がほとんど生産していない1,600cc 以下の小型車を対象としたものであった（『通商弘報』2009 年 1 月 20 日）。このように，国家が企業の経済活動に大きな影響力を持ち，自国優先的な政策を個別産業だけでなく，個別企業に対しても実施する体制は中国特有のリスクといえるであろう。

　(5) の「大国故の非妥協的外交」は，まさに米国との間の貿易摩擦で見せた，制裁に対し報復で応じる外交姿勢である。2001 年 4 月，日本が暫定的な緊急輸入制限措置（セーフガード）を中国産の生しいたけ，長ネギ，畳表に対して発動した際，中国は日本産エアコン，自動車，携帯電話に 100％の関税を課す対抗措置をとった（青木2001）。最終的に日本がセーフガードを取り下げ終息したものの，巨大な市場を持つ中国の非妥協的な外交姿勢を示した事例といえるであろう。

　(6) の「歴史認識・安全保障・領土」については，日本との間に歴史認識の差異と尖閣諸島の領有権に関する対立がある。2005 年に初めて大規模な反日デモが発生し，その後も 2012 年には尖閣諸島領有権をめぐる大規模な反日デモが展開された。時に暴徒化したデモにより，営業休止や生産停止を余儀なくされた日本企業も少なくない（『日本経済新聞』2012 年 9 月 15 日など）。歴史認識や領土問題は中国特有のリスクとして認識しておく必要があるだろう。

　このように，企業にとっての中国リスクは，中国特有のものと，他の国においても起こり得るものとに区別して考えるべきであろう。また，上記 (2) (3) 以外のリスクについては，企業努力によるリスク管理はほぼ不可能である。このため，企業は繰り返し発生する中国での不測の事態に備え，東南アジアの既存工場を拡張あるいは新工場を建設するなど，中国一極集中の生産体制を分散する努力をしてきた。こうした企業の二次展開の動きが，いわゆるチャイナ・プラス・ワンと呼ばれるもので，米中貿易摩擦や新型コロナウィルスの流行以前から継続して見られる事象である。ただし，中国以外の国へ生産拠点を移管したとしても，移管先の国にもリスクは存在している。中国リスクから脱出できたとしても，移管先の国で新たなリスクに直面するという事態についても考

えておく必要がある。

2-2 生産分散とベトナム

　チャイナ・プラス・ワンと呼ばれる中国生産体制の再編は，「中国市場向けは中国で生産し，輸出市場向けは中国以外で生産する」というものであった。また，中国生産をゼロにするというケースは少なく，2000年代初頭から一極集中リスクの回避といった観点，産業構造の高度化が進む中国に適合した生産体制の再構築という，2つの観点で模索されてきた。グローバル企業にとって，中国リスクを踏まえても，原材料や部品調達，輸送の利便性や費用など，総合的な事業環境は引き続き中国生産にメリットが多かったことも事実であろう。他国への分散投資は「将来の課題」として認識するものの，「できるところまで中国生産を続ける」と判断をした企業も少なくなかったのである（池部2019a）。

　米中貿易摩擦は表面的には図表5-1の（5）が示す「大国故の非妥協的外交」の結果である。中国は米国の要求を拒否し，制裁関税に報復で応じてきた。中国の「やられた分だけやり返す」という非妥協的な外交姿勢が事態を泥沼化させた面も否定できない。こうしたリスクが発生する度にチャイナ・プラス・ワン熱は高まり，グローバル企業にリスク分散の必要性を迫ってきた。しかしながら，総合的な事業環境で中国生産を代替できる国や地域は少なく，多少の経済合理性は横に置き，まずはリスク分散を優先して他国への生産移管を進めた企業もあった。生産分散はコスト増となるものの，それを覚悟の上で中国リスクを軽減しておくという対処である。チャイナ・プラス・ワンによる生産分散は生産の中国依存をどの程度にとどめておくべきなのかというバランスの問題ともいえるのである。

　では，ベトナムへの生産移管なり生産分散の形態はどのようなものであろうか。国際分業を考える際，チャイナ・プラス・ワンが中国リスクを意識した生産再編である点に注目する必要がある。経済効率だけを念頭に生産分散を検討するのであれば，フラグメンテーション論が唱えるように，工程の一部を他国に分散立地する戦略がとられる。企業内の生産工程を例にすれば，ベトナムの賃金は中国よりも安価であるため，主に組み立てや検査といった労働集約的工程が中国から切り離されベトナムに新設される。しかし，中国からのリスク分

散投資である以上，工程の一部だけを切り離して他国に分散することはリスク回避とはならない。このため，チャイナ・プラス・ワンによるベトナムへの進出形態の多くが，工程間分業ではなく，一貫生産を前提としたフルセット型の工場，自社の生産領域を完結できる工場を新設するという戦略となる。

　ベトナムが選好された理由として，池部（2019b）は，①ベトナムの単純労働者の月額賃金は236ドルで，中国の493ドルの約半分となること（JETRO 2019a），②中国と陸続きで近接しておりサプライ・チェーンが組みやすいこと，③儒教的な倫理観が通底する東アジアの社会や文化と親和性があること，④中国と政治体制（社会主義市場経済）が同じで政治，経済，社会構造が似ていること，⑤中国よりも多くのFTAを保有しており自由貿易地域への輸出が有利なこと[3]，などを指摘している。

　このように，ベトナムが選好される理由は，経済学的な視点からは，中国と比べ労働力に優位性がある点である。これによりベトナムは，労働集約産業（例えば，衣類，履物，IT関連製品の組み立てなど）の生産立地で有利な条件を有している。雁行形態論が示すキャッチアップ型の発展過程で，後発工業化国のベトナムが先発工業化国の中国から，労働力を多く必要とする工程なり産業を摂取しているのである。前項で述べたリスク分散に加えて，労働力の比較優位がベトナムに多くの企業を引き寄せている背景となる。

3 米国との貿易構造変化

3-1 米国の貿易赤字の構造

　貿易データベースのUN Comtradeによると，2019年の米国の輸入総額は2兆5,675億ドル（前年比1.7％減）であり，中でも中国からの輸入額は4,725億ドル（同16.1％減），ベトナムからの輸入は694億ドル（同35.3％増）であった。米国が調達先を従来の中国からベトナムなどの他国に変更する貿易転換効果が発生していると推測できる。それでも米国の対中輸入規模は大きく，対越輸入額の6.8倍の大きさとなる。

　図表5-2は，2000年，2010年，2019年の米国の貿易赤字額と貿易相手国ごと

図表5-2　米国の貿易赤字額と赤字相手国のシェアの推移　（単位：100万ドル, %）

順位	2000年 対世界	▲466,101	順位	2010年 対世界	▲690,628	順位	2019年 対世界	▲923,216
1	中国	19.4	1	中国	42.2	1	中国	39.6
2	日本	18.2	2	メキシコ	9.9	2	メキシコ	11.4
3	カナダ	11.7	3	日本	9.1	3	日本	7.8
4	ドイツ	6.5	4	ドイツ	5.2	4	ドイツ	7.6
5	メキシコ	5.6	5	カナダ	4.7	5	ベトナム	6.3
6	台湾	3.9	6	ナイジェリア	4.0	6	アイルランド	5.7
7	マレーシア	3.3	7	アイルランド	3.9	7	イタリア	3.8
8	イタリア	3.2	8	ベネズエラ	3.3	8	カナダ	3.7
9	韓国	2.9	9	サウジアラビア	3.0	9	マレーシア	3.1
10	ベネズエラ	2.8	10	ロシア	3.0	10	スイス	3.0
50	ベトナム	0.1	15	ベトナム	1.8			

出所：UN Comtrade より筆者作成。

の赤字額シェアの上位10か国・地域の変遷を示す。2000年の米国の貿易赤字額は4,661億ドルで、うち中国が19.4％を占め最大であった。当時のベトナムは0.1％を占め50位であったが、2019年には、中国が39.6％で1位、ベトナムは6.3％を占め5位へと上昇した。貿易転換効果による調達先の変更や中国を軸としたGSCの再編が今後も行われると考えると、2020年以降も米国の対中輸入の減少とベトナムからの輸入の増加が続くと予測できる。つまり、米国の対越貿易赤字額はさらに膨らむ可能性がある。

　米財務省は2020年12月、貿易相手国が意図的に通貨を切り下げているとして、対米貿易黒字の多いベトナムとスイスを為替操作国に認定した（『日本経済新聞』2020年12月17日）。今後バイデン政権が貿易赤字の削減でベトナムに対しどこまで強硬に迫るかはわからない。ベトナムの輸出産業においては、ベトナムが米国との間で個別の貿易交渉を余儀なくされる可能性やベトナム政府が対米輸出自主規制策を実施するリスクを想定しておいた方がよいだろう。

図表5-3　2005年と2019年の米国の対中，対越輸入構造

(1) 2005年　　　　　　　　　　　　　　　　　　　　　　　　（単位：%）

中国				ベトナム			
HSコード	品目	シェア	依存度	HSコード	品目	シェア	依存度
85	電気機械	21.1	25.9	62	衣類（非ニット製）	22.7	4.2
84	一般機械	21.0	23.9	61	衣類（ニット製）	16.6	3.4
95	玩具	8.0	78.9	94	家具	11.9	2.1
94	家具	7.6	47.8	64	履物	10.7	4.1
64	履物	5.2	71.2	27	鉱物性燃料	9.0	0.2
62	衣類（非ニット製）	4.2	27.6	3	水産物	6.9	5.0
39	プラスチック製品	2.8	21.9	9	コーヒー・茶・香辛料	2.9	5.7
61	衣類（ニット製）	2.7	20.0	6	肉・魚・甲殻類等の調製品	2.3	4.9
73	鉄鋼製品	2.7	26.8	8	果実・ナッツ類	2.2	2.4
42	革製品	2.6	72.3	42	革製品	2.0	1.5
	小計	77.8	41.6		小計	87.2	3.4

(2) 2019年

中国				ベトナム			
HSコード	品目	シェア	依存度	HSコード	品目	シェア	依存度
85	電気機械	27.2	36.5	85	電気機械	31.3	6.2
84	一般機械	20.0	25.0	94	家具	11.8	12.2
94	家具	6.2	43.4	61	衣類（ニット製）	11.5	16.5
95	玩具	5.7	78.5	64	履物	10.5	25.8
39	プラスチック製品	4.1	32.0	62	衣類（非ニット製）	8.5	15.1
87	輸送機械	3.2	4.8	84	一般機械	5.4	1.0
61	衣類（ニット製）	3.0	29.4	95	玩具	1.9	3.9
64	履物	3.0	49.8	42	革製品	1.9	9.9
62	衣類（非ニット製）	2.6	31.1	8	果実・ナッツ類	1.6	5.5
73	鉄鋼製品	2.5	28.9	3	水産物	1.4	5.3
	小計	77.4	35.9		小計	85.9	10.1

注1：シェアは米国の当該国からの輸入総額に占める当該品目のシェア。
注2：依存度は米国が世界から輸入する当該品目の当該国からの輸入シェア。
注3：小計欄のシェアは上位10品目のシェア合計値で，依存度は上位10品目の平均値。
注4：網かけは中国の上位10品目と一致する品目。
出所：UN Comtradeより筆者作成。

3-2 対中輸入と対越輸入

　図表5-3は2005年と2019年の米国の対中国，対ベトナム輸入品目を比較したものである。2001年末に中国がWTOに加盟し，ベトナムも同時期に米国と通商協定を発効させ，両国は米国の最恵国待遇による輸入条件を獲得した。つまり，2002年以降，中国とベトナムがほぼ同一の対米輸出条件を整えたことになり，3年後にはその成果が一定程度貿易データに反映されたと考え，2005年の数値と現在を比較することにした。貿易品目はHSコード2桁ベースで，それ⁴⁾ぞれの上位10品目を示している。シェアは米国の当該国からの輸入総額に占める当該国からの当該品目輸入額のシェアを示し，依存度は米国が世界から輸入する当該品目全体に占める当該国，当該品目の輸入シェアを示す。また，小計欄のシェアは上位10品目のシェア合計値，依存度は上位10品目の平均値を記載した。さらに，ベトナムの品目の網かけは，対中輸入上位10品目と一致する品目である。

　図表5-3が示すように，2005年の対中輸入品目上位10品目のうち，4品目がベトナムからの輸入上位10品目と一致した。2019年になるとその数は7品目へと拡大し，中国からの輸入品とベトナムからの輸入品の構造が相似してきている。

　また，米国の対中輸入品目は2005年と2019年を比較すると上位10品目では大きな変化は見られない。一方，対越輸入品目は鉱物性燃料，コーヒー・茶・香辛料，肉・魚・甲殻類の調製品などの一次産品や加工品のシェアが低下し，電気機械や一般機械などの工業製品のシェアが上昇してきたことがわかる。

　対中輸入品と対越輸入品の相似は，さまざまな要因があると考えられるが，外国投資企業による輸出生産が中国からベトナムに拡延し，衣類，家具，履物などの伝統的な労働集約型産業に加え，電気機械や一般機械などの輸出生産もベトナムに広がりつつあることを示唆している。

3-3 中国とベトナムの輸出構造の変化

　次に中国とベトナムの対世界輸出構造の質的な変化を見ていこう。図表5-4は両国の輸出財の属性別のシェアの変化を示す。資料の出所となる経済産業研

究所のRIETI-TID 2018は，すべての貿易財を産業連関表の統合大分類をもとにして分類している。生産段階別の分類として，素材，中間財，最終財に大別され，中間財は加工品と部品・コンポネント，最終財は資本財と消費財とに分けられている。

　図表5-4によると，2005年の中国の対世界輸出構造は，最終財に分類できる消費財と資本財の合計が63％，中間財となる加工品と部品・コンポネントが35％であり，素材はわずか2％であった。2018年になると，中国の輸出構造は最終財比率が56％に低下し，中間財比率が43％に上昇した。一方，ベトナムは2005年の段階では消費財が55％を占め，資本財はわずか4％に過ぎず，中間財は12％，素材は29％を占めた。しかし，2018年になると資本財のシェアが上昇し，最終財は67％，中間財となる加工品と部品・コンポネントが29％に拡大したのである。結果的に2018年のベトナムの輸出構造は2005年の中国の輸出構造と相似してきたのである。

　工業生産に必要な要素として，労働力，資本（設備），技術（知識）といった生産要素がある。最終財の生産工程は組み立て，検査，梱包などの労働集約的な工程を多く含む一方，中間財は資本（設備）や技術（知識）を多く必要とする分野である。一例を挙げれば，スマートフォンの最終財の生産工程は，複数のモジュールを組み立てる工程と検査工程などが中心で，労働力を多く必要とする工程である。一方，スマートフォンの部品の生産やモジュールの生産工程は，多様な部品や素材の加工工程を多く含むため設備や技術を必要とする工程となる。また，前項の図表5-3が示す中国とベトナムの対米輸出品目の中で，衣類や履物は消費財であり最終財である。そして，これらの品目は機械設備よりも労働力を多く必要とする典型的な労働集約型産業である。特定国の経済成長や労働賃金の上昇などによって，その国の生産要素の比較優位は変化していく。これは社会的条件が変化するためであり，自国が優位性を持つリーディング産業は，工業化や経済成長とともに労働集約型工程から設備・技術集約型工程へと転換していくことになる。これがいわゆる産業構造の高度化と呼ばれるもので，競争力を失い衰退していく過去のリーディング産業を他国へ移管し，自国内では次代を担うリーディング産業を育成していく必要がある。この引き継ぎが上手くできないと，いわゆる「中所得国の罠」に陥ることになる。

　図表5-4をもう一度この視角から捉えると，中国では資本や技術を多く活用

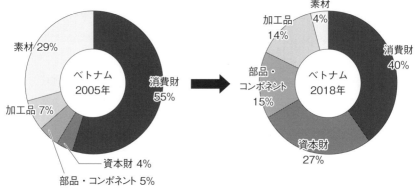

図表5-4　中国とベトナムの財の属性別輸出構造の変化

出所：RIETI TID2018より筆者作成。

する加工品，部品・コンポーネントの輸出シェアが増加し，労働集約的な工程を多く含む最終財の輸出シェアが減少した。一方，ベトナムも資本や技術を多く投入する加工品，部品・コンポーネントの輸出シェアが増加するとともに，労働集約的な最終財の輸出も拡大した。ベトナムは現状，中国よりも労働力の比較優位を生かした産業立地が進んでいる段階で，引き続き最終財生産工程などが中国から移管される可能性を示唆している。

3-4　中国の供給力

本章でこれまで見てきた米国と中国及びベトナムとの貿易データはすべて通

関統計を使用したものである。通関統計は HS コードによる分類を使用できるため，貿易構造の変化などを簡便に比較することができる。米国が対中貿易赤字に対し関税引き上げなど強硬な手段を打っている根拠となるものもこの通関統計である。

通関統計で見る輸出は仕向け地ベース，輸入は原産地をベースに計上される。通常，最終生産（加工）地が原産地となることから，さまざまな財の輸入が増加しているとしても，計上された製品の「最終生産地がどこであるのか」ということを議論しているに過ぎない。例えば，米国のベトナムからの衣類輸入が急増していることが通関統計で明らかでも，衣類の原料となる繊維やボタンなどの服飾資材がどこから来たものなのかはわからない。同様にスマートフォンにしても，最終生産地が中国からベトナムに移管しても，素材，部品，モジュール生産がどこで行われたものであるのかは通関統計では勘案されない。

米中貿易摩擦によって中国生産が他国に代替されるとはいえ，それは最終製品の生産工程の移管である場合が多いと想定でき，その製品を構成する部品や素材加工といった段階での中国シェアの低下までは通関統計を使用する限り観察は困難である。

これについて，三浦（2019a）は，経済協力開発機構（OECD）の付加価値ベースの貿易データを使って，2015 年に米国が全世界から輸入した製造業製品の付加価値に占める中国シェアが 4 分の 1 にも達していることを挙げ，「中国の生産能力が短期間で別の国・地域によって円滑に代替されるとみるのは非現実的である」としている。

図表 5-5 はこの OECD の付加価値ベースの貿易データベース”Trade in Value Added; TiVA”で抽出した製造業製品輸入に占める国・地域別の付加価値のシェアを示す。縦軸にある国・地域は輸入側で，横軸にある国・地域がどの程度の付加価値を付与したのかをシェアで示す。日本が全世界から輸入する製造業製品に占める中国の付加価値は 2015 年に 35.3％ にも達し，2005 年の 21.9％ から大きく拡大していることがわかる。米国の輸入に占める中国比率は 25.5％ と EU（28 か国）の付加価値よりも大きい。つまり，米国で流通する輸入工業製品の 4 分の 1 は中国由来の付加価値が添加されているということである。総じて日本，ASEAN，ベトナムなどアジアの国・地域において中国の付加価値比率が大きい。

図表5-5　米国の輸入に占める国・地域別付加価値比率の推移

(単位：%)

付加価値原産 輸入国・地域	日本	中国	ASEAN	ベトナム	米国	EU (28)
日本	1.7 (3.4)	35.3 (21.9)	10.7 (10.4)	1.9 (0.8)	11.7 (15.5)	15.2 (17.6)
中国	11.7 (19.8)	5.3 (2.7)	10.2 (8.7)	1.0 (0.2)	12.7 (10.7)	19.8 (17.1)
ASEAN	11.4 (21.1)	31.0 (12.5)	1.8 (1.8)	0.1 (0.1)	9.5 (14.0)	13.1 (16.3)
ベトナム	7.7 (12.2)	33.7 (14.2)	10.2 (15.3)	0.2 (0.3)	5.3 (4.4)	8.3 (10.0)
米国	6.8 (11.6)	25.5 (13.4)	5.2 (5.2)	1.0 (0.4)	5.9 (6.5)	20.5 (23.1)
EU (28)	4.7 (10.0)	26.7 (12.6)	5.4 (5.5)	0.9 (0.4)	14.6 (16.7)	5.3 (6.7)

注1：ASEANにはベトナムを含む。
注2：上段は2015年，カッコ内は2005年。
出所：OECD Stat. "Trade in Value Added（TiVA）"より筆者作成。

　スマートフォンがベトナムで組み立てられて米国に輸出された場合，通常の貿易統計であれば原産地をベトナムとするため，全額がベトナムからの輸入となる。しかし，ベトナムでのスマートフォン生産に使用されるモジュールや部品の多くが中国で作られたものだとすると，付加価値ベースの貿易統計では中国の比率が大きくなる。それは組み立てなどの付加価値のほとんどが加工賃であるのに対し，部品生産や素材加工は機械設備工程であり多くの技術を活用しているため付加価値が大きいからである。UN Comtrade（通関統計）で数値を見ると，2015年の米国の輸入に占める中国からの輸入シェアは21.8%，ベトナムからの輸入は1.7%となり，中国はベトナムと比べ12.7倍の規模を有す。一方，付加価値ベースの貿易を見ると，中国が25.5%を占め，ベトナムは1.0%に過ぎず，その差は約25倍ということになる。また，図表5-5の通り，中国が輸入する製造業製品に占める米国付加価値は2015年に12.7%であり，付加価値ベースで見た米国の対中輸入赤字は通関ベースよりもはるかに大きな不均衡を生み出している。

　工業製品の最終製品の生産工程は，組み立てや検査といった労働集約的な工程を多く含む。本章では米中貿易摩擦によって，中国からの生産分散や移管の受け皿としてのベトナムに注目し分析を進めてきた。しかしながら，それは単に最終生産地が移管しただけというケースが相当程度含まれている。GSC全体で見た付加価値生産がどこでなされているかという点で見ると，中国は工業全般において圧倒的な供給力を保持しているのである。

4 ベトナムのリスク

4-1　日本企業にとってのベトナム

　IMFによると，中国は1991年から2011年の20年間の平均で10.5％という高い経済成長を持続させ，1人当たり名目GDPは1991年の359ドルから2011年には5,583ドル，2019年には10,099ドルへと急激に上昇した。国民所得の向上は労働コストを引き上げ，比較生産費のうち労働力の優位性を低下させた。また，米中貿易摩擦や新型コロナウィルス感染症の世界的な流行で中国を中心としたGSCの寸断や医療物資に代表される重要物資の生産停止や供給ひっ迫などの問題が顕在化し，GSC再編の必要性がますます認識されるようになった。

　図表5-6は国際協力銀行（JBIC）が毎年秋に実施する日本の製造業本社に対するアンケート調査の結果である。「中期的（今後3年程度）に有望と考える投資先国・地域」に関する1998年から2019年までの回答変化を折れ線グラフで示した。日本の製造業にとって，時代に応じてどの国・地域が投資先として人気を集めてきたのかがわかる。投資先国・地域は全世界を対象としているものの，製造業投資先として上位に入るのは毎年アジア諸国である。2019年の人気度が高い上位5か国は，インド，中国，ベトナム，タイ，インドネシアであった。

　図表5-6でこれら5か国の推移を見ると，中国は2001年末にWTO加盟を果たし，2002年〜2004の間，9割を超える極めて高い人気を誇った。輸出生産国として最恵国待遇を得たこと，13億人を超える巨大市場の将来性などが有望視されたのである。また，インドも経済規模が大きく潜在的な内需が有望視され，

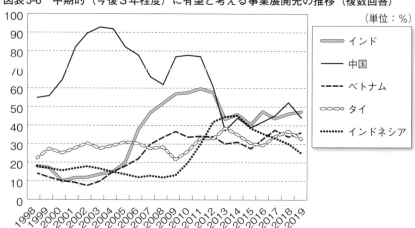

図表5-6 中期的（今後3年程度）に有望と考える事業展開先の推移（複数回答）

出所：国際協力銀行『わが国製造業企業の海外事業展開に関する調査報告（各年版）』より筆者作成。

2000年代中頃から相対的に高い人気を持続させている。2012年になると中国の得票率が急低下した。これは尖閣諸島領有権をめぐる日中対立が鮮明となった年で，中国で大規模な反日デモが繰り広げられ，生産停止を余儀なくされた日系企業も少なくなかった。日本企業の対中投資のセンチメントは著しく低下し，その後は4割から5割の水準で推移している。

　中国以外の国について見ると，1990年代後半に発生したアジア通貨危機の影響で東南アジア諸国やインドへの得票率は低下あるいは低迷した。ベトナムも2002年には10％を下回る低水準にあったが，2007年にWTO加盟を果たすと2009年には4割弱にまで上昇した。その後，ベトナムは3割超から4割弱の得票率で推移し，2019年についてはインドとともに日本製造業の投資先として人気を上昇させている。

　次に図表5-7を見ていこう。図表5-7はJETROが毎年実施する進出日系企業の現地法人を対象に行う調査で，「今後1～2年の（現地での）事業の方向性」について，拡大，現状維持，縮小，撤退（廃業や移転を含む）のどれに当てはまるかを尋ねたものである。図表5-6と同じ5か国を取り上げ，「拡大する」とした回答比率の推移を図表5-7に示した。

　この設問は，業歴の浅い法人は拡大意欲が高くなる傾向にある。これは投資

図表5-7　今後１～２年の事業展開で「拡大」とする回答比率の推移

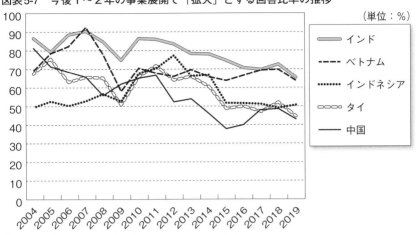

注：2008年までは製造業のみ。2009年以降は非製造業も含む数値。
出所：JETRO『アジア・オセアニア進出日系企業実態調査（各年版）』より筆者作成。

初期段階の企業の多くが「小さく生んで大きく育てる」という戦略をとっているからであり，いわゆる新興工業国での拡大意欲が相対的に高くなりやすい。また，これら対象国では小売り・卸売り，飲食，金融などのサービス産業分野の規制緩和と市場開放が進んできており，製造業だけでなく非製造業の回答を含めると拡大意欲が高めに示される傾向にある。図表5-7は2008年までは製造業のみの回答で，2009年以降は非製造業を含む数値である。

　全体的な傾向を見れば，2009年にリーマンショックの影響で拡大意欲は落ち込み，2010年に回復したものの，その後はすべての対象国で拡大意欲を緩やかに低下させている。中国は2004年に８割を超え，インドと並び高い水準にあったが，2014年には初めて５割を下回り，その後は４割から５割の水準にある。ベトナムは2007年にWTOに加盟し９割を超える拡大意欲を見せ，その後は６割半ばから７割の間を推移している。

　しかし，米中貿易摩擦が先鋭化した2019年，投資の受け皿であるはずのベトナムの拡大意欲は前年よりも低下している。三浦（2019b）は，「米中貿易摩擦に伴うサプライ・チェーン再編の動きは，日本，台湾，韓国企業の問題と捉えられがちであるが，関税引き上げという事業環境の悪化に最も敏感に反応して

いるのは中国企業である」と指摘する。日本企業は中国，東南アジアに幅広く製造業法人を展開し，中国リスクを考慮して「中国向けは中国で，輸出向けは中国以外で」という戦略で再編を進めてきた。このため，中国拠点から他国拠点への米国向け輸出生産の切り替えはすでに対応済みとする企業が多いのかもしれない。

　実際，JETRO（2019a）では，米中貿易摩擦とは明示していないものの，通商環境の変化への企業の対応策として，「生産地の移管」と回答した企業（有効回答数は1,686社）は7.2％とそれほど多くなかった。さらにこれら企業のうち2019年秋時点ですでに移管を開始済みとした企業は43.2％にのぼっており，企業ごとの生産再編は米中摩擦の顕在化よりも前から進められていたことが示唆される。また，今後生産移管などのGSCの変更を検討している（実施済みを含む）アジア地域内の日系企業は102社あり，中国を移管元とする企業は全体の62.7％で，ベトナムを移管先とした企業は42.3％に上った。日本企業の再編は米中貿易摩擦の前からすでに始まっており，米中貿易摩擦やコロナ禍によって多少加速した可能性はあるものの，日本企業の生産分散の動向に大きな影響を与えたとまではいえないであろう。

4-2　ベトナムの対米リスク

　米中貿易摩擦によるベトナムへの影響として，佐藤（2018）は人民元安が進めば，ベトナム通貨ドンの切り下げも余儀なくされ，インフレなど同国マクロ経済運営にマイナスの影響が出ること，中国の余剰在庫がベトナムに流入し，一部は米国に迂回輸出されることなどが懸念されると指摘した。実際，米国政府は中国製品がベトナムを経由して米国に輸出される迂回輸出の疑いがあるとして，ベトナムからの鉄鋼輸入に400％を超える関税を課したほか（『Sankei Biz』2019年12月27日），ベトナム政府もラベルの張り替えによる原産地偽装を防止するため，取り締まり強化に乗り出している（『日本経済新聞』2019年8月7日）。その他の報道によると，農産物，繊維，鉄鋼，アルミニウムなどの不正出荷がすでにベトナムで摘発されたとされる（『Bloomberg』2019年6月10日）。

　では，対米貿易摩擦のリスクはどうであろう。ベトナムが輸出生産拠点として中国から最終生産機能を引き受けていくと，当然のことながら対米輸出がま

すます拡大していくことになる。図表5-2で確認した通り，ベトナムはすでに米国の貿易赤字先国の第5位であり，上位5か国の中でベトナム以外の4か国は中国や欧州のように米国と貿易摩擦の状態に陥るか，日本のように新たな貿易交渉で合意をするか，メキシコのように既存の自由貿易協定の見直しを余儀なくされている。[5]「次の交渉相手はベトナムになるのでは」というのがベトナムの抱く懸念であろう。既述の通り米財務省は対米貿易黒字が大きいベトナムについて，為替操作国に認定している。いずれにせよ，ベトナムは対米貿易黒字のこれ以上の拡大は避けたいところである。

　ベトナムは米中貿易摩擦が顕在化した2018年にはすでに自国の対米貿易黒字拡大の懸念を抱いていたことがわかる。2018年秋にハノイで開催された世界経済フォーラムASEAN会議のベトナム・ビジネス・サミットの席上で，グエン・スアン・フック越首相は，「ベトナムはグローバル・バリュー・チェーンの最も優れたメンバーになるという野望はなく，最も優れたメンバーの友人になりたいのです」[6]と挨拶するなど，貿易摩擦の矢面に立ちたくない思いを率直に表明している。また，2018年9月にベトナム社会科学院世界政治経済研究所がハノイで開催した「米中貿易戦争によるベトナムへの影響」と題するシンポジウムでは，ベトナム人経済学者の多くが，「生産シフトによって繊維，履物，家具などの対米輸出が増え，米国との貿易摩擦になりかねない」と警鐘を鳴らした。米国との二国間貿易交渉のテーブルにつきたくないベトナムにとって，対米輸出の増加は手放しでは喜べないのである。ベトナムにとって最大の輸出市場である米国からの要求があれば，中国やEUのように対抗姿勢を示すことは難しく，自ら輸出生産に抑制的な政策を導入することになる。そうなれば，ベトナムで輸出生産を手掛けるグローバル企業の多くが輸出数量規制やサプライ・チェーンの見直しを迫られる可能性もある。

4-3　ベトナムの潜在リスク

　次にベトナムの事業環境上のリスクについて見ていきたい。ベトナムの事業環境に中国リスクと同様なリスクに加え，ベトナム特有のリスクも存在する可能性がある。図表5-1の中国リスクの体系図と照らし，ベトナムのリスクを見ていこう。

(1) の「自然災害・感染症」に関するリスクについては，ベトナムは大地震のリスクは小さいものの洪水などの水災は頻繁に発生している。また，鳥インフルエンザの発生国でもあり，さまざまな感染症のリスクは中国同様に潜在している。新型コロナウィルスの経営への影響について JETRO が実施したベトナム進出日系企業へのアンケート調査（期間：2020年6月18〜24日，有効回答数631社）によると，ベトナムでの新型コロナウィルスによる具体的なマイナスの影響としては，「渡航制限・入国制限」が89％と最多となった。そして，ベトナム国内移動の制限（65％），国内市場の低迷（59％），海外市場（輸出）の低迷（59％），GSCの寸断を意味する「調達の一時的な遅延や停止」が46％と続いた（『JETRO ビジネス短信』2020年7月9日）。ベトナムは新型コロナウィルスの流行を比較的早期に収束させることに成功した。ただし，感染症の世界的な流行リスクについては，当該国で迅速な封じ込めが可能であったとしても，グローバル経済との相互依存に応じた，人の移動制限，市場の低迷，モノの移動制限によるマイナスの影響を回避することはできないことが改めて示された。感染症の世界的な蔓延は1国だけの問題にとどまらない。生産へのリスクという視点からは，日本，中国，ベトナムのどこに工場があっても生産停止リスクはゼロとはならないのである。この点，リスクを軽減するための唯一の対策としては，生産拠点の分散立地しかないのである。

　(2) の「産業構造の高度化」に伴って，人件費が上昇し，人材の採用難，法制度の朝令暮改的な改廃，社会保険制度整備による企業負担の増加，法制度の運用厳格化などが程度の差こそあれ引き起こされるであろう。ベトナムは中国と同様に共産党一党独裁の国で，社会主義市場経済を掲げている。社会，経済，政治の仕組みは中国との類似点が多いものの，発展段階や市場規模の差異は大きい。このため，中国で顕在化したリスクがそのままベトナムでも発生するとまではいえないものの，リスクの一部は少し遅れてベトナムでも顕在化するといったことが起こり得る。国際通商秩序への参画という意味でWTO加盟は大きな転換点となるものである。加盟年次は中国が2001年，ベトナムは2007年であり，国内市場開放や国内法整備で両国に6年の差がある。一例を示せば，外国人の社会保険制度への加入義務付けは，中国で2011年，ベトナムでは2018年に始まり，中国に遅れること7年でベトナムでも実施されたのである（『JETRO ビジネス短信』2011年11月1日，2018年10月23日）。こうした企業経営に影響

を与える制度整備は，一面では国内経済関連法制の国際標準化という意味を持つが，これまでやってきた企業の経営手法や方針変更を伴う点でリスクでもある。ベトナムの工業化と高成長の持続によって，産業構造の高度化による社会的条件の変化はベトナムではむしろこれから本格化すると考えた方がいいであろう。

（3）の「知的財産権保護の不徹底」については，工業分野の基盤技術や市場規模の差異もあり模倣品の蔓延，技術流出などのリスクは中国ほど大きくない。

（4）の「国家資本主義的経済統制」については，社会主義市場経済化国として中国と通底する政治・社会・経済構造を持つと考えるべきである。ただし，国土面積，人口規模などが中国と比較すると圧倒的に小さく，少数民族問題や領土内での分離独立運動といった懸念も少ない。このため，中国と比較し国家統制の及ぼす範囲は狭くて済むうえ，統制の力加減もはるかに小さくて済むのである。このほか，国家による企業管理や経済活動への介入などのリスクはベトナムでは顕在化しておらず，国民のインターネットのアクセスについても中国と比べれば制限はほとんどない状況にある。

（5）の「大国故の非妥協的外交」は，ベトナムは東南アジア諸国の中では人口が9,549万人（IMF，2019年末）と，インドネシア，フィリピンに次ぐ規模を有している。しかし，人口規模，経済規模などで米国やロシア，中国，EUなどと対抗できる大国ではなく，これからも全方位外交の下，敵を作らず友を増やす外交に徹していくものと考えられよう。大国ではないので，米国から貿易黒字を問題視された場合，中国のような対抗措置はとれず，関税率の見直しや自主規制による輸出制限などの対応とならざるを得ない。このような妥協的な外交姿勢はリスクがないのかといえばそうではない。大国との間で貿易摩擦に陥ればベトナムは自ら企業の輸出生産を抑制する政策を導入することになり，企業にとってはベトナム政府からの減産要求への対応といったリスクが存在する。

（6）の「歴史認識・安全保障・領土」という点で見ると，日本との間に歴史認識の問題がないとはいえない。ただし，今のところ親日的な国として日本と政治経済面で良好な関係を維持している。領土という点では南沙・西沙諸島の[7]領有権問題で中国と対立しており，2014年5月にベトナムが主張する排他的経済水域（EEZ）内で中国が石油掘削装置を設置し，近づいたベトナム海上警察船に中国の海警船が放水し体当たりするなどした。ベトナム国内では大規模な

反中デモが展開され，中国企業などが投石などの被害にあった。また，社名看板に漢字を掲げる台湾や香港，日系企業も一部被害を受けるなど，操業停止を余儀なくされた工場もあった（『NNA』2014年5月9日，5月16日）。ベトナムの領土問題では日本は当事国ではないものの，大規模デモが先鋭化し暴徒化すれば，工業団地が閉鎖されたり，工場の一時休業を迫られるリスクがあることは踏まえておくべきであろう。

4-4　事業環境上のリスク

　では，ベトナムで事業を行う上で個々の企業にとっての具体的なリスクはどのようなものであろうか。図表5-8はベトナムと中国に進出した日系企業の2010年と2019年の経営上の問題点として上位に挙げられた項目を示す。いうなれば進出日系企業が何に困っているのかを示すものであり，経営上のリスクと考えてよいであろう。分類ごとに2019年の両国それぞれ上位3項目ずつを抜き出し2010年と比較した。

　販売・営業面を見ると，中国がベトナムよりも総じて高い数値となっている。回答企業のうち，ベトナムは売り上げに占める輸出比率が53.1％，中国は32.5％であり，ベトナムの回答企業は輸出型企業が多い。輸出比率が高いベトナムと国内市場向けの内販比率が高い中国との間で，販売・営業面での課題認識の差が出ているものと考えられる。ただし，2019年の主要販売市場の低迷という点については，国内市場の低迷なのか外需市場の低迷なのかは詳細不明であるが，中国は米中貿易摩擦の影響を受け2010年と比べ大幅に悪化したと推測できる。

　次に財務・金融・為替面の課題を見ると，ベトナムで最も高い数値は税務の負担で，中国は現地通貨の対円為替レートの変動であった。ベトナムは2010年と比較し税務の負担が悪化しているが，中国はこの項目を含めすべて改善している。税務の負担は社会的条件が高度化に向かうと，行政機関の対応も人治から法治へと変化していく。徴税の網がより広範となり，厳格化されていくと考えれば，これまで問題とされてこなかったものも課税の対象となるなど，企業の税負担感が増してくる可能性がある。中国では税務の負担感は2010年よりも大幅に改善しており，この点，中越間の発展段階の差異が回答傾向に表れてい

図表5-8　ベトナムと中国に進出した日系企業の経営上の問題点

(単位：%)

分類	経営上の課題		2010		2019	
			ベトナム	中国	ベトナム	中国
販売・営業面	競合相手の台頭（コスト面で競合）		50.4	57.5	48.0	50.0
	新規顧客の開拓が進まない		34.5	36.9	38.4	41.4
	主要取引先からの値下げ要請		38.9	44.1	30.0	39.8
	主要販売市場の低迷（消費低迷）		18.0	13.3	16.7	40.2
財務・金融・為替面	税務（法人税，移転価格課税など）の負担		21.1	30.8	34.9	16.7
	業務規模拡大に必要なキャッシュフローの不足		28.2	23.9	25.0	15.5
	現地通貨の対ドル為替レートの変動		32.4	27.5	15.7	26.8
	現地通貨の対円為替レートの変動		16.9	30.7	11.5	29.1
	対外送金に関わる規制		–	–	11.2	18.4
雇用・労働面	従業員の賃金上昇		80.6	79.6	72.0	73.7
	従業員の定着率		45.1	37.3	40.0	24.5
	従業員の質		52.8	48.4	37.8	44.0
	人材の採用難	作業員	43.7	42.7	36.9	37.9
		技術者	32.0	30.8	34.5	38.9
		中間管理職	44.4	29.1	31.6	26.8
		スタッフ・事務員	23.6	17.6	25.9	23.4
貿易制度面	通関等諸手続きが煩雑		60.4	41.0	42.8	24.3
	通達・規制内容の周知徹底が不十分		42.5	28.5	30.5	17.5
	通関に時間を要する		43.9	33.5	25.6	22.5
生産面（製造業のみ）	原材料・部品の現地調達の難しさ		67.3	43.1	56.2	22.1
	品質管理の難しさ		49.5	43.3	49.9	42.4
	限界に近付きつつあるコスト削減		24.8	42.7	31.2	42.1
	調達コストの上昇		48.5	55.9	29.4	47.5
	環境規制の厳格化		10.9	19.3	13.3	43.5

注：網かけは2010年と比較して悪化した項目。
出所：JETRO『在アジア・オセアニア進出日系企業実態調査』（各年版）より筆者作成。

ると推測できる。

　雇用・労働面については，両国とも従業員の賃金上昇が大きな課題である。2010年と比較すると若干和らいでいるが，7割を超える企業が賃金上昇圧力を課題として認識している。同調査によれば，賃金の前年比昇給率は2019年にベトナムが7.4％，中国が5.4％である。IMFによると，2019年の経済成長率はベ

トナムが7.0%，中国が6.1%であり，両国とも賃上げ率はGDP成長率を下回る水準に落ち着いている。次に従業員の定着率については両国とも2010年比で改善しているものの，ベトナムは中国よりも定着率が低いことが課題となっている。定着率を上げるためには賃金などの待遇を改善する必要があり，これが賃金上昇の要因ともなっている。従業員の採用難を見ると，ベトナムでは作業員の採用，中国では技術者の採用が難しいとする回答が最も多かった。一方，スタッフ・事務員の採用難は両国とも最も低い数値となっている。一方，技術者の採用難は2010年比で両国とも悪化しており，こうした人材採用難も賃金上昇圧力となっている。

貿易制度面では，ベトナムは中国よりも問題点が大きい。ベトナムでの通関等諸手続きが煩雑とする回答は42.8%と2010年の60.4%から大幅に改善されたものの，中国の24.3%を大きく上回っている。表には示していないが，同調査の対象国のうち，この項目はASEAN平均が29.7%，南西アジア平均は41.3%であり，ベトナムはアジア全体の個別国の中でバングラデシュ，パキスタンに次ぐ高い数値であった。池部（2019c）は，企業は煩雑な手続きにより行政機関への不透明な費用支払いを余儀なくされていると指摘する。不透明な費用とは制度や法令には記載のない領収書の出ない費用であり，ベトナムでは日常的に警察，税関，税務署といった行政機関に対してこの賄賂（袖の下，机の下，お茶代，潤滑油など現地ではさまざまな表現が使用されている）の支払いが必要となる。行政機関に対し特別な対応を依頼するために賄賂が必要となるのではなく，日常業務の中で賄賂が必要となる状況は，企業のコンプライアンス順守を難しくさせている。

最後に生産面について見ていこう。2010年との比較でベトナムでは悪化した項目が最も多かった。中でも原材料・部品の現地調達の難しさについては，改善したとはいえ56.2%と中国の22.1%と比較し相当程度高い水準にある。また，限界に近付きつつあるコスト削減についてもベトナムは悪化している。コストを削減するには労務費を引き下げたいが，賃金上昇圧力が高く，かつ定着率に問題があるということは熟練工や多能工の育成が難しい状況にあると考えられる。であるならば，原材料や部品の調達先を見直したいものの，現地で調達できるものが限られるため，コスト削減につながらない。自動化機械を導入して人件費の上昇を吸収することも必要となるが，設備を製作するための資材やノ

ウハウ，技術などが不足しており，外注するか輸入せざるを得ない。結局，限界に近づきつつコスト削減に対する危機意識が2010年比で増し，生産技術の変更やラインの組み換えなどで品質管理の難しさにも直面する。ベトナムでは工業化が進展しているとはいえ，現状では生産環境に多くの課題が山積していると考えられる。

　図表5-8が示すように，ベトナムの事業環境上のリスクの中で，雇用・労働面と生産面において2010年比で悪化している項目が合計5項目あった。雇用・労働面の各項目の課題は，突き詰めていくと従業員の賃金上昇につながるものである。また，生産面でのコスト削減に向けた取り組みは，労務費を低減するために労働者の手作業に依存していた工程を自動機械に置き換えていく必要に迫られている。また，輸入材料を現地材料に切り替えることでコスト低減を目指すものの，現地調達の難しさがそれを阻んでいる。つまり，企業にとって人材及び生産技術の高度化が重要な時期にあるにも関わらず，一朝一夕には進まないもどかしさが浮かび上がる。雁行形態発展論に照らせば，生産要素のうち労働力から技術や資本へと比較優位を転換させていく高度化の段階にベトナムは差し掛かっているのである。

　図表5-9はベトナムと中国の2010年と2019年の製造業における職種ごとの従業員の月額賃金の変化を示す。また，単純作業を中心とした作業者と技術的な知識を持つエンジニアとの間の賃金格差は，作業者に比べてエンジニアの存在がどれほど希少かということを示すと考える。つまり，ベトナムでは2010年の段階では作業者とエンジニアの賃金差は2.5倍，作業者とマネジャーとの賃金差は5.9倍であった。これが2019年になるとそれぞれ2.0倍，4.3倍へと格差が縮小しており，ベトナム社会で採用できる高度人材が以前よりも相対的に増加してきたと考えていいであろう。一方，中国では作業者とエンジニア，作業者とマネジャーの賃金差はそれぞれ1.6倍，2.8倍とベトナムよりも小さく，かつ2010年と比較してもほとんど変化していない。つまり，中国では単純作業者と技術者，マネジャーなどの高度人材の供給量が相対的に過不足なく安定的に推移していると考えられる。

　ベトナムの人材の高度化については2010年比で大きく改善していることが示されており，従業員の賃金上昇圧力は主に作業者の賃金であると考えられる。労働集約的な工程に依存した量的拡大は難しくなってきており，今後は産業構

図表5-9　ベトナムと中国の月額賃金の推移と職種間の格差
（単位:US ドル，倍率）

	年	単純作業者	エンジニア	職種間格差 （対作業員）	マネジャー	職種間格差 （対作業員）
ベトナム	2010	107	268	2.5	636	5.9
	2019	236	469	2.0	1,008	4.3
中国	2010	303	448	1.5	861	2.8
	2019	493	801	1.6	1,369	2.8

出所：JETRO『在アジア・オセアニア進出日系企業実態調査』（各年版）より筆者作成。

造の高度化に合致した生産技術を取り入れ，かつ生産要素でも自動機械の積極
導入といった変革が必要になってきている。

5 まとめ

　本章では，米中関係が貿易分野や経済分野だけでなく政治や軍事へと対立が
拡大しつつある状況下でのベトナムの位置付けやリスクについて概観した。

　グローバル企業の輸出生産拠点として量的な拡大を遂げてきた中国生産が，
米国からの制裁関税や，中国自身の産業構造の高度化により貿易転換と生産立
地の転換が引き起こされていた。そして輸出生産の受け皿として選好されるベ
トナムのリスクはどのようなものがあるのかを考察した。既述のベトナム・リ
スクへの対応をどのようにしていけばいいのであろうか。

　第1にベトナムの対米リスクとして貿易摩擦が懸念される。これは企業の経
営努力だけでは防ぎようのないものである。ただし，貿易摩擦は通関統計をベ
ースとした最終製品の貿易黒字が問題になるのであり，最終生産地の転換によ
って対米輸出額を表面上減じさせることは可能である。つまり，グローバル企
業にとっては労働集約的工程を多く含む最終生産地の立地をどのように管理す
るかが重要で，中国，ベトナムのほかにも生産地を確保しておくべきであろう。
特に衣類，家具，履物といった生産工程の自動化が難しい最終製品の輸出拡大
は，ベトナムだけでなく他国でも代替生産が可能な体制を取っておくべきで，
ベトナム・プラス・ワン戦略が必要である。

　第2に産業構造の高度化について，生産要素の労働力から技術（知識）への転

換が必要となることである。単純労働の作業者とエンジニアなどの技術職あるいはマネジャーとの間の賃金格差が縮小してきており，ベトナムでは技術（知識）をより多く投入する生産体制がとられはじめていることが示唆された。ベトナムの生産企業は労働集約的な工程が人件費の上昇によって競争力を弱めたとしても，人材高度化によって生産技術の向上，多能工育成による生産効率の上昇など，コスト耐性を高めておくことが肝要である。

　第3についても産業構造の高度化に関係するリスクへの対処であり，労働力から資本（設備）への転換についてである。これを議論するためにベトナムの資本労働比率を見てみよう。資本労働比率とは固定資産額を従業員数で除した数値で，1人当たり従業員が持つ資産（設備，土地，建物など）の額を示すものである。個別産業の機械化の進展を見ることができ，低い水準であれば労働集約的，高い水準だと資本集約的産業といえる。また，一定期間における資本労働比率の上昇は，新規設備投資が積極的に行われたと考えられ，当該産業の資本集約化，高度化が進捗したと見なすことができる。池部（2019d）によると，ベトナムでは2005年から2015年の10年間に製造業全体で資本労働比率は53.7％増加した。これに対し，2015年から2018年のわずか3年間でベトナムの資本労働比率は46.1％増となり，製造業の機械化が急加速していることがわかった。[8]ベトナムの製造業全体を見れば，資本（設備）の増強による高度化を急ピッチで進めていることが示唆された。

　ベトナムにおける輸出志向型の日系製造企業にとって，リスク耐性を高めるための処方はさまざまであると考えられる。本章ではそのまとめとして，①生産分散の模索，②人材の高度化，③機械設備の高度化の重要性について強調しておきたい。

[注記]
1）日本貿易振興機構ウェブサイト https://www.jetro.go.jp/services/supplychain/kekka–1.html。「海外サプライチェーン多元化等支援事業　第1回公募における採択事業者について」より（2020年8月9日参照）。
2）IMF "World Economic Outlook, April 2020" による。
3）"Bao Dau Tu（投資紙）"（2020年1月4日）などによると，ベトナムは14のFTAが発効済みで，交渉中の3つのFTAがある。JETRO（2019b）によると，2018年時点のベトナムの発効済みFTAのカバー率（発効済みFTA相手国との貿易額／全貿易額）は63.6％で，中国の30.6％と比較して高い水準にある。

4）　HSコードとはHarmonized Commodity Description and Coding Systemの略称で，国際貿易商品の名称及び分類を世界的に統一するためにつくられた分類である。21部（1桁），97類（2桁），約1,200項（4桁），約5,000号（6桁）の分類番号からなり，6桁までの約5,000品目が国際的に共通している。

5）　米国が強硬に進める貿易赤字対象国との貿易交渉について，中国，メキシコ，日本との間の合意はいずれも自由貿易というより数値目標などを明記した管理貿易の側面が強いとされる（『日本経済新聞』2020年1月30日）。また，ドイツとの交渉は欧州連合（EU）の関税同盟が交渉相手となり，米国とEUとの間の貿易摩擦は長期化が必至とされる（『日本経済新聞』2020年6月24日。原典は"Financial Times", 22 June 2020）。

6）　『ベトナムの声放送局（VOV5）』（2018年9月13日）https://vovworld.vn/ja-JP（2020年8月21日参照）。

7）　南沙／西沙という表記は中国語表記で，ベトナム語ではTruong Sa/Hoang Sa，英語ではSpratly/Paracelと呼ばれる。

8）　ベトナム統計年鑑から産業ごとの固定資産額，産業ごとの就業人口から資本労働比率を算出した。ただし，消費者物価指数で固定資産額を実質化しており，地価の急激な上昇分が固定資産額に含まれる点に留意が必要である。

[引用・参考文献]

青木健（2001）「日本のセーフガード発動の政治経済学」（研究ノート）『国際貿易と投資』No.45，国際貿易投資研究所，pp.30–33。

池部亮（2012）「チャイナ・プラス・ワンの実像」，関満博・池部亮編『ベトナム／市場経済化と日本企業』新評論．pp.420–439。

　　　（2013）「加工貿易を中心とした輸出産業の高度化」，広東省政府発展研究中心・日本貿易振興機構アジア経済研究所編『広東経済の高度化へ向けた政策課題－日本の経験から－』（政策提言研究），日本貿易振興機構アジア経済研究所．pp.1–20。

　　　（2019a）「米中貿易摩擦と中国のサプライチェーンの再編（前編）」，三菱UFJ銀行『MUFG BK 中国月報』第158号，pp.1–6。

　　　（2019b）「米中対立，変化するアジアの生産体制―中国からベトナムへの生産シフト加速」，日本経済研究センター編『米中対立下のデジタル・アジア―イノベーションと都市の行方』日本経済研究センター．pp.145–154。

　　　（2019c）「ベトナムの国内物流効率化とその課題」，石田正美・梅﨑創編『メコン物流事情』文眞堂，pp.131–173。

　　　（2019d）「ベトナムの産業高度化とCLM諸国の展望」，トラン・ヴァン・トゥ・苅込俊二編『メコン地域開発とアジアダイナミズム』文眞堂．pp.243–269。

佐藤進（2018）『米中貿易戦争におけるベトナムの影響』ITI調査研究シリーズNo.80，国際貿易投資研究所（ITI）。

JETRO（2019a）『2019年度在アジア・オセアニア日系企業実態調査』日本貿易振興機構．

　　　（2019b）『ジェトロ世界貿易投資報告2019年版』日本貿易振興機構．

三浦有史（2019a）「中国の対米輸出はどこまで代替されるのか」アジア・マンスリー 2019

年6月号，日本総合研究所．https://www.jri.co.jp/page.jsp?id=34566（2020年8月31日参照）．

　　(2019b)「米中貿易摩擦はアジアのサプライチェーンをどう変化させるか」『環太平洋ビジネス情報』（RIM），Vol.19 No.75，日本総合研究所，pp.1～37.

山田賢一（2010）「米グーグル，中国市場からの"撤退"を表明」（メディアフォーカス），NHK放送文化研究所『放送研究と調査』NHK出版，5月号．https://www.nhk.or.jp/bunken/summary/research/focus/309.html（2020年8月31日参照）．

〈統計・国際機関〉

ベトナム統計総局『Statistical Year Book of Vietnam 2019』Statistical Publishing House.

　　OECD　http://www.oecd.org/sti/ind/measuring-trade-in-value-added.htm

UN Comtarde　https://comtrade.un.org/data/

IMF　https://www.imf.org/external/pubs/ft/weo/2020/01/weodata/index.aspx

※本稿は専修大学令和1年度研究助成による研究調査の成果を一部含むものである。

第6章

台湾の国家リスクマネジメント
―半導体技術流出危機と政府の対応―

1 はじめに

　近年，中国は経済成長が著しく，また軍事力を背景に台湾や香港等近隣諸国や地域に政治的圧力をかけていることから，米国や日本政府は中国への科学技術の流出に神経を尖らせている。特に，日本や台湾から米国等欧米諸国の大学に留学するケースは年々減少しているが，中国人学生の当該諸国への留学は増える一方で，これらの中国人学生が母国に帰国する際に欧米諸国で学んだ知識や技術を持ち帰り，中国の急速な科学技術の発展に貢献している。また，日本，韓国，台湾のベテランエンジニアが退職後にコンサルタントとして短期契約で中国企業に雇用され，技術を指導するというケースもこの20年間で多く見られるようになった。こうした中で，中国の経済的及び軍事的脅威に警戒感を増す米国や日本政府は，最先端の科学技術や産業の発展を支えるコア技術が中国に流出することを恐れている。

　中国への科学技術の流出に神経を尖らせているのは米国や日本政府だけではない。中国の爆発的な経済成長に先駆けること約20年，ハイテク産業を中心とする経済発展を経験している台湾は，経済の根幹を支える半導体や液晶パネル等のコア技術が中国に流出することに危惧の念を抱いてきた。特に中国との政治的対立から，科学技術の流出は国家安全保障上の危険性も大きい。科学技術の中国への流出リスクを防止することは，台湾政府にとり国防上の政策的な意義と正当性（legitimacy）[1]が存在する。

　台湾の半導体や液晶パネル等のハイテク産業は，米国から帰国した台湾出身の理系人材が最先端の技術を台湾国内に持ち込んだことから1980年代から2000年代にかけて飛躍的な成長を遂げた。台湾政府は米国で活躍する台湾出身の優

秀なハイテク人材を本国に帰国させることに尽力し，1974年に政府系の研究開発センターを設立し，米RCAからコンピュータのCPUの主要な回路であるCMOS製造技術を導入，約20年間という短期間で半導体産業の生産拠点を台湾のシリコンバレーとして著名な新竹サイエンスパークに構築した。1990年代後半から2000年代の初めにかけて大きく発展した台湾の液晶パネル産業も日本企業からの技術導入や人材の受け入れ等で，5年程度とスピーディに生産体制を構築し，液晶パネルの量産化に成功している（田畠 2012）。

　このように，破竹の勢いで成長を続けてきた台湾のハイテク産業だが，台湾企業の中国への進出や人材の中国への流出と共に技術の流出も懸念されるようになってきた。1992年の改革開放政策の進展で中国経済の台頭が著しく，1980年代の急速な経済発展で賃金の高騰が進んだ台湾では，中国に生産拠点を移す企業が増えていった。1980年代の後半から1990年代初頭にかけて，台湾の地方都市で工場を操業していた中小企業の経営者が労働集約型産業の労賃高騰に耐え切れず，中国の深圳やアモイ等の沿海部に位置する経済特区に輸出加工工場を設立，現地の低廉な労働者を大量に雇用した。しかし，中国の国内産業が次々と立ち上がる中で，中国に進出する台湾企業も労働集約型産業から知識集約型や資本集約型産業へと移行し，台湾のハイテク企業も中国政府の優遇政策等のサポートで中国に進出し，中国の人材が台湾の最先端の科学技術を学ぶ機会を提供し，さらに台湾のハイテク人材も中国で活動する台湾系企業に赴任し，転職していくようになった。特に上海は長期的な移住先として台湾の優秀な若手人材の人気を集め，家族帯同の台湾人赴任者の便宜をはかるため，現地には台湾及び中国政府の認可を得た小中学校及び高等学校も運営されている（Leng 2002:232-233）。

　40年以上の発展の歴史がある台湾の半導体産業は2018年の時点で年間生産額が2兆6,000億台湾ドル（約9兆3,000億円に相当）にのぼり，台湾のGDP全体の15％を占め，当該産業に従事する就業人口は台湾国内だけで23万人に達している。特に半導体の高機能化や高集積化に重要な役割を果たす集積回路（IC, Integrated Circuit）のパッケージやファブレス（半導体製品の設計や販売のみを行う企業）から製造工程を請け負うファウンドリー（受託製造）ビジネスの生産能力は世界でトップランクの水準にあり，IC設計の生産量は世界第2位，メモリーの生産高でも世界第4位の競争力を誇る（蕭 2018）。一方，改革開放

政策を推進する中国政府は台湾との長期的な政治的対立関係を緩和すべく，台湾政府に対して各種の規制撤廃を呼び掛けてきた。1987年に中国と台湾の渡航が解禁され，経済や貿易における相互依存関係が強化された。こうした状況は1995年及び1996年の台湾海峡危機による政治的関係の冷え込みにおいても衰えず，台湾と中国の経済的な相互依存関係は大きく深化していったのである。民間レベルにおける台湾と中国の経済及び貿易における緊密な関係が構築される中で，台湾政府は安全保障上の配慮から台湾企業の中国への投資規制を続けてきた。特筆すべきことは，1996年に台湾初の有権者の直接投票で総統に選出された李登輝が「戒急用忍（急がず忍耐強く）」政策を打ち出し（黄2008:97-98），半導体産業を中心とする台湾の大企業の中国投資を規制し，半導体製造のコア技術の流出を未然に防いだ点である。本研究では，台湾の半導体技術の中国への流出危機という事例からリスクマネジメントにおける政府の役割を再検討し，近年，グローバル経済の進展で規制緩和など新自由主義（ネオリベラリズム）を強力に推進する「国家装置（state apparatuses）」として君臨してきた政府が，中国の経済的及び政治的な勢力の拡大を背景にグローバル資本主義のリスクを認識し，科学技術の流出を積極的に規制する，すなわち，自由主義経済やグローバリゼーションのリスクを抑制する存在へと転換する状況について考察を行うものである。また，こうした国家リスクマネジメントへの企業側の対応についてもケーススタディを通じて明らかにしていく。

2 リスク社会と国家の役割
―技術流出危機と政府の規制強化―

経済のグローバル化が進むにつれて，製造拠点や市場を求めて海外に進出する企業は急速に増加している。特に国際市場で厳しい競争に直面している企業は労働集約的な製造工程を人件費の安い国や地域へ移転し，また，需要が大きく成長しているアジア市場の奪取を目的に，現地での生産を拡大させている。このような製造業の海外進出は，現地の提携先企業とライセンス契約を締結し，従業員の教育訓練等を通じて進出先国に技術を移転することを前提としている（経済産業省2003:2）。技術移転には2つの種類があり，1つはフォーマルな技

術移転であり，もう1つはインフォーマルな技術移転である。フォーマルな技術移転では，「形式知（explicit knowledge）」として伝達される技術，例えば，ライセンシングなど特許の使用，マニュアルでの指導等の形で技術が移転される。インフォーマルな技術移転では，ある程度時間をかけて現場での経験を蓄積することで修得される状況依存性の強い「暗黙知（tacit knowledge）」（Polanyi 1966；金綱 2017:53-80）として伝達される技術が移転される。具体的には製造工程でエンジニアが半導体や液晶パネルの歩留まりを上げるために行う長い経験にもとづく，現場の状況に応じた作業内容の細かな調整等が挙げられる。このような「暗黙知」として伝達される技術は，従業員の対面による教育訓練を通じて移転される。しかし，時として技術を移転する側の想定した意図や範囲を超えて技術が過度に流出して，海外企業のキャッチアップを加速化する危険性がある。このような，「意図せざる技術流出」は，流出先の国の異文化や法制度，商慣習の違い等の影響を受けるため（経済産業省 2003:2），技術を移転する国や企業が規制を行ったり，コントロールしたりすることが極めて難しい。

　技術流出は産業の発展を妨げ，競争力の喪失につながる危険性を秘めている。グローバル化の影響で，「意図せざる技術流出」は国境を越えて増加し，このようなリスクの防止が企業や産業，ひいては国家の重要な課題となりつつある。ベックはリスク社会と国家の役割について以下のような考察を行っている（Beck 1992）。現代の産業社会の発展において，福祉国家は重要な役割を果たしていた。国家による教育制度の普及や社会保障，貧困家庭の救済等で，貧富の差，階級間の格差や性差別が社会を混乱に陥れるリスクはある程度解消された。国家の庇護のもと，人々は階級間の格差や貧富の差によってさらに困窮し生活が崩壊するようなリスクを回避できるようになった。しかし，その一方で，過度の産業発展がもたらした原子力発電所の大事故やグローバル化によるウィルス感染症の大流行といったリスクが人類の新たな克服すべき重要課題となった。また，人々は所属する集団，すなわち，家族や組織から生活を守られる必要性が薄れ，こうした所属集団から距離を置き，個人の自由や選択を優先する「個人化（Beck 1992:87；今枝 2009:304）」へと向かっていった。

　今枝はベックの「再帰的近代（reflexive modernity）」，すなわち，近代が近代化によるさまざまな弊害と向き合い，問題を検討し反省を試みるという概念から「個人化」について分析している。福祉国家による不平等の是正と社会の

安定化と共に「個人化」の潮流が顕著となり，経済のグローバル化やバブル経済の崩壊といった要因も相まって，日本国内においても終身雇用や年功序列，企業内組合等の共同体的組織の制度が解体され，従来の家父長制的な企業観や社内の擬制的家族としての集団主義や人間関係が崩壊し，企業はアメリカ型の株主重視経営や成果主義を導入し，株主の利益を達成するための組織集団としてドラスチックな変化を遂げようとしている。個人の職業選択の自由を優先する「個人化」の流れを受けて，雇用の流動化が進み，転職や非正規雇用も増加している（今枝 2009:303–304）。このように，「個人化」が進むと，人々は自らが所属する会社への帰属意識を失い，また，会社だけでなく，地縁や血縁，国家に対する帰属意識をも消失するため，雇用の流動化は国境を越えることになる。国内における転職だけでなく，国境を越えた転職も増加し，職場において長い時間をかけて培った経験や知識等の「暗黙知」を豊富に有する従業員やエンジニア等がヘッドハンティング等で海外の企業に移籍し，キーテクノロジーを効果的に運用するためのノウハウを海外企業の従業員に指導するため，技術やノウハウが国外に流出するリスクが格段に増えていく。福祉国家による社会保障や各種の生活支援は国民の生活を安定させたため，人々は組織による庇護を必要としなくなり，個人の選択の自由を優先し，家族や会社，国家等の組織から距離を置くようになる。さらにグローバル化で国際競争が激化し，企業の体力が弱まり従業員に対する雇用の保障が難しくなってくると，人々はますます組織から距離を置くようになり，頻繁な転職や海外での就業など「意図せざる技術流出」のリスクを増大させることになる。

　1980年代以降，サッチャリズムやレーガノミクスに代表されるようなネオリベラリズムの潮流が世界を席捲し，手厚い庇護を通じて国民生活の維持に努めるというケインズ主義的福祉国家は過去のものになり，自己責任論が盛んに叫ばれ，政府は規制緩和等の経済自由化政策を強力に推進するようになった。中谷はこのような市場経済至上主義に傾く国家が「小さい政府」へと役割を縮小させたのではなく，逆にグローバル化や市場開放，規制緩和を推進し，市場経済至上主義を積極的に支援する「市場原理主義国家」へとシフトしたと分析している（中谷 2013）。しかし，ベックが指摘するように，このような「市場原理主義国家」は自ら階級社会や国家社会を解体させたが，そのブーメラン効果として，より大きなリスクに直面し，コントロールすることが困難となった。

例えば，生態学的災害や核兵器や原子力事故から発生する放射性降下物等はその深刻な影響が国境を越えて広がる。このような大災害によるリスクは強大な国家権力や多国籍企業が大資本を投じてもコントロールすることは難しい。地球温暖化による大規模な自然災害や原子力発電所の大事故は，身体への影響のみならず，個人や組織の財産や収益等にも大きな打撃を与える。市場原理主義，すなわち産業化の結果として引き起こされる生態系の破壊や収奪がリスクを生み出し，皮肉にも産業化に投入される資本や資産に壊滅的な打撃を与えている。さらにこうしたリスクは，国家間の格差を生み出す。途上国と先進工業国との格差や先進工業国同士の格差等が新たな問題を招来し，リスクは国家によるコントロールを完全に崩壊させ，世界規模のリスクに変貌していく（Beck 1992:23）。

　このようなリスクの世界的な拡大に対して，国家はリスクマネジメントでコントロールの力を取り戻そうと各種の規制強化でグローバル資本主義の発展によるダメージを回避する政策を展開し始めた。政府や多国籍企業及び産業界はリスクによるダメージから立ち直るレジリエンス（復元力）を発揮し，リスク社会の構造的な脅威に対してエージェンシー（主体性）を回復させるためにさまざまな政策や戦略を打ち出している。以下の節では，台湾の半導体産業の発展と中国への技術流出リスクを事例として，台湾政府による多国籍企業に対する技術移転の規制強化と企業によるリスクマネジメントについてレジリエンスの観点から分析を試みる。

3 台湾半導体産業の発展と国家リスクマネジメント

　リスクに対する組織のリスクマネジメントは，リスクによるダメージから回復し，ダメージを克服することによってさらに組織の力を発展させるレジリエンスが重要な役割を果たしている。組織によっては，予期せぬ大災害やその他のリスクに耐え切れず，壊滅的な打撃を被ってしまう。その一方で，リスクに対して耐性があり，リスクを乗り越えてさらに大きな困難に挑戦できるようになる組織も存在する。VogusとSutcliffeの定義によれば，組織のレジリエンスとは，組織がリスクに挑戦する中でポジティブな調整（adjustment）を繰り返

し，そのプロセスで組織の体力を強化し，より多くのリソースを取り込むことを意味する。レジリエンスはただ単に状況に適応することではなく，またある時点での組織の競争力から次の時点での競争力をストレートに予測できるような線形的かつ決定論的な考え方でもない。レジリエンスとは，ある時点での組織の競争力が次の時点での競争力の可能性を大きく引き上げることを意味する。すなわち，事前に予測できない状況において，リスクに挑戦し，調整や学習を重ねることを通じて組織の能力を高めるというプロセスである（Vogus and Sutcliffe, 2007: 3418）。また，上田が指摘するように，レジリエンスにおいて，その反対の概念である脆弱性をリスクマネジメントで緩和し，リスクの発生による経済的及び心理的なダメージを軽減することが重要である（上田 2017:258）。さらに，上田は組織の危機への対応を分析する方法として，アクター（行為主体）がどのような思考や方法を用いて問題を克服したかに着目し，事例研究が組織のリスクマネジメントやレジリエンスの理解に欠かせないと強調している。具体的には，リスクに直面した組織のレジリエンスの要因として，ダイアン・クーツが定義した，①組織がリスクを直視できる能力，②組織のビジョンを持続する力，③リスクの解決に向けて柔軟に対応できる能力の3つを挙げている（上田 2012:210；2017:263）。①の現実を直視する能力とは，状況を確定することであり，組織の目標やビジョンを明確にし，組織のメンバーやその他のステークホルダーと共有することを示す。その際，具体的な目標達成の指標を示すことで組織のメンバーやステークホルダーが一致団結してリスクの解決に向けて努力することが可能になる（上田 2012:166-167）。②の組織のビジョンを持続する力は，組織のビジョンや理念を維持することで，リスクに直面した際に組織の運営の軸がぶれないように配慮することを示す。ビジョンは組織がどのように社会に貢献できるかを反映するものである。ここでは，社会問題の解決に貢献できるように，組織の行動を社会の視点から再検討することが重要な意味を持つ。③の柔軟な思考と行動力とは，予測のできないような突発的なリスクに直面した場合に，変化する状況に対して迅速に対応し，解決方法を自発的に探究し，実行する力を示す（上田 2012:210-212）。本節では，上田の分析視角を用いて，台湾の半導体産業のレジリエンスを醸成する国家リスクマネジメントについてその特徴をまとめる。

　前述のように，1980年代から1990年代にかけて，輸入関税の度重なる引き下

げや台湾ドルの高騰をきっかけに，台湾企業は海外に進出し，国際分業体制を構築した。一方，中国は1978年以降，改革開放政策を採用し，グローバル経済の表舞台に登場する。台湾企業は中国の低廉な労働力と広大な市場に注目し，また，若干の違いはあるものの台湾と中国は同様に中国語を使用することから中国との協力関係の構築に力を入れるようになった。

　王鳳生と鄭育仁の研究によれば，台湾企業の中国投資は以下の２つの段階を経て拡大した。第一段階は1980年代から1992年にかけての時期で，主に輸出加工事業や，資本額が小さく労働集約的な産業に従事する企業が中国に積極的に進出した。第二段階は1993年以降で，中国に進出する台湾企業の資本額が増加し，技術集約型産業に従事する企業が増えてきた。また，この段階では，中国国内市場の開拓にも意欲的に挑戦した。第一段階で中国に進出した台湾企業は小回りのきく中小企業が多く，そのほとんどが中国南部の沿海地域で安価な労働力を利用して米国輸出向け製品の加工業務を行っていた。1980年代から1990年代にかけて台湾経済は飛躍的に成長したが，同時に地価や台湾ドルの高騰を受け，労働集約的な産業に従事する中小企業は中国政府の投資奨励策から中国に次々と進出したが，産業の高度化政策に注力していた台湾政府はこうした中小企業の中国進出にそれほど関心を払っていなかった。しかし，第二段階に入ると，中国の経済成長やグローバル市場への参入等を考慮して，資本集約型産業に従事する台湾の大企業も中国に積極的に進出するようになった。投資規模は大きくなり，また，投資地域も中国の沿海部から北方や内陸部へと広がり，投資期間も長期的なプロジェクトへと変化した。第一段階では，高度な技術力を必要としない加工やアッセンブリ事業が中心であったが，第二段階に入ると，川下から川上部門まで統合したプラント輸出が主流になり，技術移転も工場の建設から製造装置や関連機器の設置，運用までを含めた技術の指導が行われるようになった。このような資本集約型産業の大規模投資は，中国への技術流出リスクを招来するため，事態を重く見た台湾政府は，前述のように1996年，「戒急用忍（急がず忍耐強く）」や，「根留台湾（海外進出をしても台湾に根を残す）」といった政策を矢継ぎ早に打ち出して中国への技術流出に歯止めをかけた（王，鄭 2003:1）。当時，欧米諸国や日本ではそれまでのような福祉国家による保護主義を中心とする経済発展モデルが批判を浴びるようになり，多くの国々は規制緩和等の経済自由化政策を強力に推進する「市場原理主義国家」へ

と変貌していた。しかし，台湾政府はそのような世界的な潮流に与せず，逆に
リスクに直面した組織のレジリエンスを醸成する要因である，「組織がリスクを
直視」し，「リスクの解決に向けて柔軟に対応」した点が特徴的である。そのよ
うな要因を下支えする重要な要素として「組織のビジョンを持続する力」が突
出している点が挙げられる。

　台湾政府は初代の蒋介石前総統時代から中国への投資を全面的に禁止してい
た。前述のように，1970 年代以降，中国の改革開放政策の推進，さらに 1987 年
の台湾から中国への渡航解禁等の影響から台湾と中国の経済及び貿易における
相互関係が緊密化した。中国投資の規制緩和が叫ばれる中，1995 年，1996 年に
は台湾海峡のミサイル危機で中国との軍事的緊張が高まったため，李登輝総統
は経済安全保障という台湾政府の政治的な「組織のビジョン」を強く打ち出し，
「戒急用忍」政策を台湾の国家としての立ち位置や方向性を決める国家戦略とし
て位置付けた（黄 2008:97）。

　ここで重要なのは，台湾政府，すなわち当時の総統であった李登輝が中国投
資リスクをどのように分析し，検討していたかである。すなわち，「組織がリス
クを直視する力」だが，後述するように，李登輝は台湾の政治的リスクだけを
重要視していたわけではない。台湾独立の立場を過度に強調すれば，台湾を中
国の領土と認識している中国政府の怒りを買い，中国と経済交流を行うことに
よって得られる経済的利益を失うことになる。しかし，李登輝は台湾の経済的
利益が中国との経済交流ではなく，台湾の産業の自立的な発展を促すことで長
期的に獲得できると考えていた。

　台湾国内では，1970 年代から 1995 年まで民間主導で中国との経済交流が活発
化したが，台湾政府は国家安全保障上の理由からあくまで追認という形で経済
交流の法的整備を進めた。李登輝は 1996 年 8 月 14 日，経済自由化を進める中で
台湾が国際競争力を維持するために国外投資だけでなく，国内投資を重要視す
るべきだと考え，「戒急用忍」政策を打ち出し，次のような中国への投資規制を
行った。まず，中国投資を「禁止」，「許可」，「審査」の三種に分類し，インフ
ラ及び先端技術分野への投資を規制した。さらに一件当たり 5,000 万米ドルを上
回る大規模投資を禁止し，また，企業の規模に応じて中国への投資累計額に条
件を設定するなどの規制を行った。この政策の主な目的は台湾の半導体等の最
先端技術の中国への流出を防止することであり，また，台湾経済の空洞化を防

ぐことにあった（大嶋 2010:12-13）。

　台湾政府がインフラ及び先端技術分野への一件当たり5,000万米ドルを上回る中国への大規模投資を禁止したことに対し，台湾プラスチック・グループ（Formosa Plastics Group, FPG，台塑集団）[2]の創業者，工永慶や台湾を代表する半導体製造ファウンドリー世界最大手，台湾積体電路製造（TSMC: Taiwan Semiconductor Manufacturing Company）の創業者，モリス・チャン（張忠謀）は当初，難色を示した。中国投資で日本や韓国等の競合メーカーに後れを取りたくなかったからだ。しかし，最終的には政府の意図を理解して中国投資を手控えた。一方，1996年当時，台湾の半導体製造ファウンドリー業界で台湾積体電路製造（以下，台積電と略記）と激しいトップ争いを展開した聯華電子（UMC: United Microelectronics Corporation）は，台積電とは異なり，政府の規制の間隙を縫って中国投資を積極的に打ち出した（鄭2020）。

　次節では，台湾政府の中国投資規制に従い，ファウンドリーのコア技術を台湾に残した台積電のリスクマネジメントによるレジリエンスと，政府規制をかいくぐり，中国投資に踏み切った聯華電子（以下，聯電と略記）の凋落ぶりについて考察を試みる。

4 明暗を分けた台積電と聯電の中国投資へのスタンス

　前節で見たように，1990年代，台湾の二大半導体製造ファウンドリーとして首位争いを展開していた台積電と聯電は，1996年，台湾政府によるリスクマネジメントとして打ち出された中国投資規制政策に対してまったく異なるスタンスをとった。台積電は政府の政策に従い，中国投資を手控えたが，聯電は，規制の網をかいくぐり，中国投資を敢行したのである。当時，聯電の会長を務めていた曹興誠は中国企業との提携で聯電の経営規模の拡大を目指した。社長の宜明智も聯電の幹部を引き連れて中国を訪問，台湾の先端的なIC（集積回路）設計技術を広めた。2001年，中国の蘇州工業園区にウエハファウンドリー事業の和艦晶片製造公司（以下，和艦と略記）が設立された。同社の8インチウエハ工場は2003年5月に生産を開始，1年もたたないうちに経営を軌道に乗せ，2010年に中国国内のベストテンに入るウエハファウンドリーメーカーに成長し

た。2001年当時，台湾政府は中国への 8 インチウエハ工場の投資を規制してい
たが，当初から業界関係者は聯電が和艦に出資していると認識していた。国内
マスメディアによる度重なる報道を受け，世論の聯電に対する批判が集まる中，
政府は聯電の中国投資に関する調査を開始した。2002年 3 月，台湾政府行政院
（日本の内閣に相当）は，旧型工場設備の投資に限定して中国投資を一部自由化
すると発表した。新型工場設備の投資に関しては 2 年後に再討議するとした上
で，総量規制方式を採用し，2005年までに中国で建設できる 8 インチウエハ
ファンドリー工場の総数を 3 か所までとした。同年 8 月，台湾政府経済部（日本
の経産省に相当）は，中国投資に関する審査や監査作業の骨子を公表し，同年
12月からウエハファウンドリー事業の投資案件申請を正式に受理することにな
った。一方，同年 4 月，台湾のマスメディアは，聯電が 8 インチウエハ工場の
前副工場長，徐建華等を通じて，アメリカ領バージン諸島に設立した海外持株
会社を経由して中国の和艦に出資した事実を報道した。驚くべきことに，和艦
の工場で使用されている設備はすべて聯電から提供されたもので，徐建華が同
社の会長に就任していた。しかも，聯電の数十名のエンジニアが和艦に転職し
ていたにも関わらず，それについて聯電は競業避止義務違反として責任を追及
しなかった点も周囲の憶測を呼んだ。2004年 2 月，経済部は，徐建華が中国投
資を違法に実施したとして200万台湾ドル（約736万円に相当）の罰金と期限ま
でに投資案件を取り下げるよう求めた。2005年 2 月，新竹地検署は聯電や同社
と取引関係にある会計事務所，聯電の宜明智副会長及び徐建華の住居，関連の
ベンチャーキャピタル等のオフィスを捜索し，徐建華の身柄を拘束した。徐建
華は10時間に及ぶ審理の後，1000万台湾ドル（約3660万円に相当）で保釈が認
められたが，出国を制限された。翌年 1 月，新竹地検署は背信及び商業会計法
違反等の罪状で曹興誠，宜明智及びベンチャーキャピタル，宏誠創投公司の社
長，鄭敦謙らを起訴処分とした。さらに，経済部は新竹地検署の起訴内容をも
とに両岸人民関係条例35条及び「中国における投資及び技術提携許可法」違反
として聯電に対し500万台湾ドル（約1830万円に相当）の罰金を科した。2007
年 7 月，台北高等裁判所は，証拠不十分として，経済部の聯電に対する500万台
湾ドルの罰金を撤回するように求めた。また，新竹地方裁判所は2007年10月，
曹興誠，宜明智，鄭敦謙ら 3 名に無罪判決をいい渡した。その後，経済部と検
察側は上告し台湾政府と聯電との法廷での争いが継続したが，最終的に台北高

等裁判所は2011年12月15日，聯電側の敗訴とする判決を下した。台湾企業が政府の規制を逃れて中国に投資する場合，タックスヘブンのアメリカ領バージン諸島やイギリス領ケイマン諸島を経由するため，資金の流れを把握することが難しく，証拠不十分で無罪となるケースが多い。そこで当初は聯電側の勝訴が予想されたが，台北高等裁判所は政府の立場を代弁する傾向が強く，最終的に聯電側の敗訴とする判決を下したのである（黃2012）。しかし，後述するように，2002年以降，中国投資をめぐり賛成派と反対派が激しい攻防を繰り返すようになり，台湾政府も規制緩和の方向に向かわざるを得なかった。

　前述のように，台湾政府の政策は民主主義体制への移行を経て，中国との経済的交流を訴える国民党と台湾優先主義を主張する民進党という与野党間の対立が顕在化し，また世論の動向としても台湾の安全保障と経済的利益の間で激しく揺れ動くようになった。2002年初頭，8インチウエハ工場の中国投資を台湾政府が認可するかで世論を巻き込んだ大きな議論が起こったのである。台湾国内では中国投資の規制緩和に対する賛成派と反対派が激しく衝突し，前述のように，2002年3月，台湾政府は条件付きで半導体ウエハ工場の中国投資を認可する政策を発表した。折しも中国経済の成長が一段と加速化され，さらに2002年に台湾と中国が相次いで世界貿易機関（WTO）に加盟するなど両岸が経済貿易の新たな局面に入ったため，「台湾優先」を叫ぶ中国投資反対派と中国投資で韓国や日本の競合企業に後れを取るまいとする賛成派との間で激しい攻防戦が繰り広げられた。（王，鄭 2003:1）。

　2008年に中国との経済協力に積極的な姿勢をとる国民党の馬英九政権が成立，8インチウエハ工場の中国投資を全面的に自由化した。そこで，和艦も合法的に聯電の中国子会社に昇格し，2018年には3億台湾ドル（約11億円に相当）以上の収益額を計上，聯電の収益額全体の14％を占めるほどになった。しかし，中国での工場経営は思わぬリスクを生んだ。半導体工場のオペレーションには製造装置が不可欠だが，中国では技術力不足でこれらの製造装置を国内で調達できない。そこで，主に欧米や日本から製造装置を調達することになる。2014年，聯電は中国政府と合弁で半導体ファウンドリーの厦門聯芯を設立し，中国のアモイに12インチウエハ工場を建設，40ナノメートル及び28ナノメートルのウエハを製造することになった。着工から量産までわずか20か月という短期間の立ち上げだったが，生産を開始すると製造装置の調達コストが莫大な額にの

ぼり，2018年に聯芯の赤字総額は117億台湾ドル（約430億円に相当）を計上した（林2020）。聯電の中国投資は，製造装置の調達コスト増によるリスクだけではなかった。聯電は2016年，中国の半導体メーカーで国有企業の福建晉華とDRAM（記憶保持動作が必要な随時書き込み読み出しメモリー）事業で提携した。福建晉華はメモリー技術を自社開発している聯電にメモリーの製造工程を委託し，福建晉華の出資で聯電は台湾の工場で技術開発を行った。米国の半導体大手，マイクロン・テクノロジー傘下の瑞晶電子（Rexchip Electronics）の前副社長，陳正坤を聯電の副社長に招聘し，陳はさらに福建晉華の社長にも就任した。2018年11月，米法務省は，マイクロン・テクノロジーの機密情報を入手したとして聯電と福建晉華を起訴した。米法務省の調べによれば，聯電と福建晉華がマイクロン・テクノロジー製のDRAM製造技術を盗用したという。陳正坤等瑞晶電子の台湾人幹部三名も起訴された（日刊工業新聞 2018年11月2日，自由時報 2020年6月13日）。折しも，トランプ政権が中国の産業スパイの取り締まりを強化する等，先端技術の知的財産権侵害は米中貿易摩擦で大きな争点となっており，中国投資に力を入れていた台湾の聯電も提携先の中国企業に巻き込まれる形で米国政府の標的にされたのである。この事件をきっかけに聯電と福建晉華の提携案は中止に追い込まれた。その後も聯電の中国経営は不振が続き，出資している中国アモイの聯芯半導体の2019年における赤字額が100億台湾ドル（約366億円に相当）にのぼり，株主から不満の声が殺到した。聯芯半導体の12インチウエハ工場は2014年にアモイ市政府と聯電の合弁で設立され，聯電グループの持ち株比率は60％を上回り，2016年に生産を開始し，2020年の時点で月産1万8000枚の生産能力を達成したが，現在に至るまで赤字を計上し続けている。一方，台湾政府の中国投資規制のガイダンスを順守し，台湾政府の規制緩和後に中国投資を実施した聯電の競合メーカー，台積電は，2004年に台湾政府の認可を経て中国上海に松江工場を設立，8インチウエハの製造を開始した。さらに，2016年，南京に12インチウエハ工場を建設した。同工場は2018年の第4四半期に量産体制に入り，2020年6月の時点で月産1万5000枚の生産能力を達成した。2019年度は12億台湾ドル（約44億円に相当）の黒字を計上，2020年の第1四半期は約30億台湾ドル（約110億円に相当）の黒字を計上している（自由時報 2020年6月13日）。聯電に後れを取ること3年後に中国工場を設立した台積電だが，台湾政府のガイダンスに沿った中国投資計画を

策定し，台湾に先端技術を残しながらも中国工場で利益を計上することに成功したのである。

5 中国への技術流出回避と産業クラスターマネジメント

　前節で見たように，台湾政府の中国投資規制の間隙を縫っていち早く中国に半導体工場を設立した聯電は，製造装置調達コストをコントロールすることができず中国経営で痛手を被った。中国の国有企業，福建晋華とDRAM事業で提携した際には，福建晋華に出資や株式取得は実施しなかったが，技術ライセンス料を同社から取得することになった。しかし，中国企業から取得できる技術ライセンス料は微々たるもので，提携先の福建晋華を通じた半導体製品の販売や投資によるリターンも得られない。しかも，技術水準の低い福建晋華は特許侵害で米マイクロン・テクノロジーから提訴されるなど，聯電は大きな代償を払うことになった（林 2018）。聯電は台湾政府によるリスクマネジメントを無視し，わずかな額の技術ライセンス料を受け取っただけで，組織全体を取り返しのつかない大きなリスクに晒すことになったのである。

　一方，世界最大の半導体ウエハファウンドリーとして君臨する台積電の創業者，モリス・チャン（張忠謀）は，1996年に李登輝政権が中国投資を規制したことに対し，不満の声を上げた。しかし，最終的には政府の立場を尊重し，中国投資を放棄し，台湾国内での研究開発に資源を集中させた。2003年に銅配線を使った0.13μmルールの半導体量産技術を自社開発し，米IBMによる同技術の独占体制に風穴を開け，その後10年以上に及ぶ地道な研究開発への注力で，半導体製造技術で世界トップ水準に達した（工商時報 2020年7月31日）。折しも米中の貿易摩擦で，グローバル・サプライ・チェーンにおける中国とのデカップリング（分離）の動きが活発化したため，台積電の供給するハイエンドのICチップは世界の大手IT企業の垂涎の的となった。米国や日本も台積電の工場投資を積極的に誘致するようになり，同社の株価は大きく跳ね上がった（鄭 2020）。米アップルなどの大口顧客からの受注が殺到し，2020年第3四半期の売上高は過去最高を記録し，3,564台湾ドル（約1兆3,200億円）を計上した（Chen and Horton 2020）。図表6-1及び図表6-2が示すように，1990年代に台湾の半

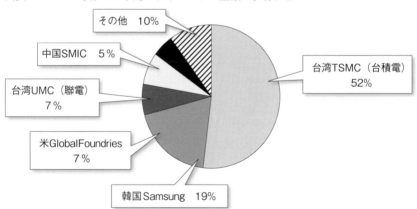

図表6-1　2010年ファウンドリ企業の世界シェア

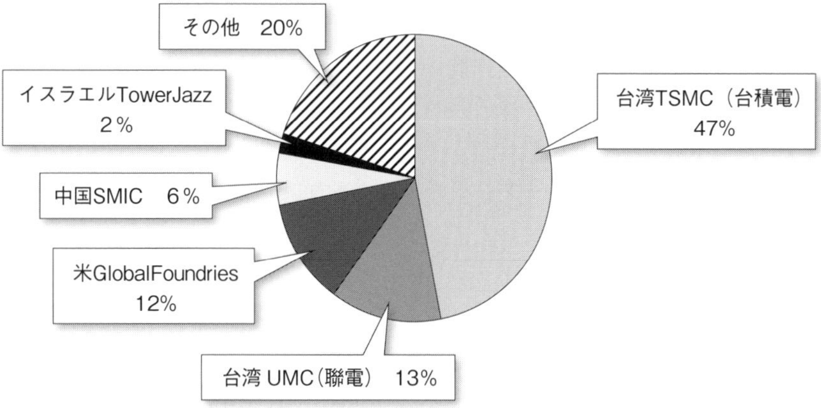

- その他　20%
- イスラエルTowerJazz　2％
- 中国SMIC　6％
- 米GlobalFoundries　12%
- 台湾 UMC（聯電）　13%
- 台湾TSMC（台積電）　47%

出所：EET Times-asia（April 2012）を参考に作成。

図表6-2　2020年第2四半期ファウンドリー企業の世界シェア

- その他　10%
- 中国SMIC　5％
- 台湾UMC（聯電）　7％
- 米GlobalFoundries　7％
- 韓国Samsung　19%
- 台湾TSMC（台積電）　52%

出所：科技新報（2020年6月11日）を参考に作成。

導体ファウンドリー産業の二強として君臨した台積電と聯電は，2010年の時点で台積電が世界シェア全体の49％を占め，聯電のシェアは12.1％だった。2020年第2四半期には，聯電のシェアは7％に縮小し，台積電のシェアは52％に達

した。

　このように，台積電は台湾政府のリスクマネジメントを受け入れ，台湾に技術や人材を残すことの重要性を理解し，中国投資よりも技術開発に資源を投入し，付加価値を高め，中国への技術流出を回避することに成功した。台積電のトップマネジメントが中国投資のリスクを直視し，組織のビジョンであるテクノロジーのリーダーとして最先端技術の開発に注力し，リスクの解決に向けて柔軟に対応できる能力を有していたことが同社のレジリエンスの強化を導いたといえる。

　前述のように，中国経済の成長が拡大し，中国市場の大きさが無視できないものとなってきたため，中国企業に転職していく台湾半導体産業の幹部やエンジニア等，ハイテク人材は急増している。技術流出は企業の投資だけでなく，人材の国際間移動からも促進されるため，台湾政府による国家リスクマネジメントだけでは今後，技術の中国への流出を食い止めることは難しくなるだろう。そこで，国家リスクマネジメントによる中国投資の規制やガイダンスに加えて，台湾の半導体産業では，後述するような半導体産業全体のクラスターマネジメント機能の構築で中国への技術流出を防止しようとしている。

　中国政府は経済発展のスピードアップを目指して，外資や国際的なブランド企業の工場誘致に力を入れてきた。近年経済発展が著しく，国内の所得や生活水準の向上から内需市場が大きく拡大，約13億人という巨大市場をターゲットに，多国籍企業が積極的に進出するようになった。また，工場用地の取得も容易で，比較的低賃金の労働者を雇用できるため，半導体等の海外のハイテク企業が中国に進出，現地の当該産業の発展の基礎を築いた。しかし，中国におけるハイテク産業の発展は台湾に後れを取ること約20年とタイムラグが存在し，特にIT（インフォメーション・テクノロジー）産業の発展に不可欠なコア技術のイノベーション能力が不足しており，海外に技術を依存する状況が続いている。また，半導体産業の例に見るように，キーパーツや製造装置の分野においても海外メーカーに供給を依存している。一方，台湾の半導体産業は，以下に詳述するようなクラスターマネジメント機能を構築しており，キーパーツや製造装置を米国や日本のメーカーに依存しているものの，中国に比較して高い優位性を維持している。ハイテク産業は一般的にマネジメント技術，量産技術及びエンジニアリング技術で構成されている。台湾の半導体産業を例にとると，

デザイン，ファウンドリー（ウエハプロセスの受託製造），パッケージ，テスティング等の一連の工程で半導体製品が完成する。新竹サイエンスパークでは，これらの一連の工程をそれぞれ別々の企業が担当し，これらの企業がパーク内に集積して，産業クラスターを形成している。これが台湾半導体産業における産業クラスターを利用した水平分業 s 生産体制である。日本の半導体産業はインハウス（工場内にすべての工程を集約して品質管理を徹底する一貫生産体制）による垂直分業体制が中心だが，台湾では，比較的規模の小さい企業がファブレス（工場を持たない）として半導体製品のデザインのみを担当し，デザインがウエハファウンドリーに送られると，工場で製造段階に入る。パッケージでIC チップの実装を行い，さらにテスティングで検査を実施するが，それぞれの工程は別々の企業が請け負う。新竹サイエンスパークには，こうした半導体製造の各工程を請け負う企業が産業クラスターを形成しており，クラスター内部で半導体製品の一貫生産体制が構築されていると考えることができる。すべての工程を 1 つの企業の工場内部の一貫生産体制で行う垂直分業生産体制と異なり，台湾では，それぞれの工程を分割し別々の企業が担当する水平分業生産体制が主流である。これらの企業が工業団地に集積してクラスターを形成することで半導体製品が生産されていく。半導体産業のクラスターマネジメント機能とは，こうしたクラスター内部のそれぞれ別々の企業が担当している半導体製造工程の作業環境や品質の安定性を包括的に管理するもので，6 インチ，8 インチ，12 インチ等技術水準の如何を問わず，一連の製造工程を管理するマネジメント機能は同一のシステムが採用されている。各工程において，どれか 1 つの工程の品質管理が失敗すれば，完成する半導体製品の歩留まりを確保することは不可能となる。各工程を担当する企業が新竹サイエンスパーク内部に集積し，産業クラスターを形成していることから品質の管理が容易となる。半導体製品のイノベーションを支え，それに必要な人材や技術を調達し，安定した品質の製品をデザインし製造するためにそれぞれの工程に最適な企業が産業クラスター内部に集まっているのである。この産業クラスターのマネジメント機能こそ台湾の半導体産業の競争力のコアの部分を担っており，それぞれの企業が単独で中国に進出したとしても，クラスターそれ自体が中国に移転されない限り，クラスターのマネジメント機能の競争力は移転されないことになる。しかし，クラスター内部のかなりの数の企業が長期的に台湾から中国に進出すれ

ば，台湾の工業団地内のクラスターが崩壊し，半導体製造のクラスターが中国に移植される危険性も考えられる。産業クラスターの形成には時間がかかるため，中国に半導体の製造クラスターが数年程度で移転されるわけではないが，長期的に台湾の産業クラスターのかなりの数の企業が中国に流出すれば，産業クラスターが中国に移転され，台湾で新たに半導体産業のクラスターを再構築することは極めて難しくなる。半導体産業は資本集約型で，川下から川上部門の生産ラインがすべて中国に移転されれば，大量の資金が台湾から中国に移動する。また，工場の中国への移転で，半導体産業の生産額が縮小するだけでなく，台湾国内の雇用にも大きなマイナスの影響を与えるだろう。半導体産業のクラスターの競争力を支える製造技術とクラスターマネジメント機能の中国への流出は，台湾の国家競争力に壊滅的なダメージを与え，経済発展を停滞させる可能性もある。このような懸念から，台湾政府は半導体産業の中国への流出に規制を設け，産業界への指導を行ってきた。特に台湾と中国が共に世界貿易機関（WTO）に加盟してから，台湾政府はローエンドのウエハファウンドリーを中国に移転し，その一方で，ハイエンドの半導体製品の生産拠点を台湾に残し，「貿易サービスで直接投資に替える」政策を打ち出し，中国のファブレス企業や中国の優秀なICデザインのエンジニアを台湾の研究開発センターに導入し，台湾を世界の半導体産業の巨大なクラスターに成長させるという壮大な構想を打ち出している（王，鄭 2003: 8-9,14）。台湾の先端的半導体技術の中国への流出を防止するためには，台湾政府，半導体関連産業，エンジニア，研究開発を担う大学や政府系研究機関などさまざまなステークホルダーが協力して産業クラスターマネジメント機能やマネジメント体制を強化していく必要がある。

6 むすび

本稿では，台湾の半導体産業の発展と中国への技術流出リスクを事例に，台湾政府がグローバル資本主義のリスクを直視し，国内企業の中国投資を規制し，最先端の半導体ウエハファウンドリー技術の中国への流出を防止したプロセスについて詳述した。台湾政府の中国投資に対する慎重な対応は，台湾国内ウエ

ハファウンドリー業界第2位の聯電が中国投資に失敗したことによる台湾半導体産業全体のダメージを緩和し，業界全体のレジリエンスの強化に寄与した。一方，業界第1位の台積電は台湾政府のリスクマネジメントに協力し，組織のビジョンであるテクノロジーのリーダーとして，中国投資よりも台湾国内の研究開発に資源を投入し台湾に技術や人材を残すことに注力してバリューチェーンの強化に努めた。また，台湾政府は台湾の新竹や台南地区にハイテク産業の工業団地，サイエンスパークを建設し，半導体や液晶パネル産業の一大集積地を構築した。水平分業体制でそれぞれの製造工程を担う企業がサイエンスパークに集積し，この産業クラスターをコントロールするマネジメント機能がパーク内にノウハウとして蓄積されたため，個別の企業が中国に流出したとしてもクラスターそれ自体が中国に移転されなければ，技術の流出をある程度回避できる。

　しかし，近年，中国経済の飛躍的な発展を追い風に中国の半導体企業に転職していく台湾のハイテク人材が急増している。時間の経過と共に多くの台湾の人材が中国の企業に移籍したり，台湾の企業が中国に投資したりするようになれば，半導体の産業クラスターがそのまま台湾から中国に移転される可能性も否定できない。ベックも指摘するように，国家のイニシアティブだけでリスクを回避できる時代は終焉を迎えた（Wimmer and Quandt, 2006: 341-342）。国家が多国籍企業の海外投資を規制しても，企業活動の自主性を規制する政策は限界があり，また，人材が海外に移動すれば技術知識は絶え間なく流出していく。こうした中で，台湾の先端的な半導体技術の中国への流出を防止するためには，短期的な利益の取得を目的に中国投資を行う企業の行動に国家が適切なガイダンスを行うだけでなく，企業の社会的責任（CSR）について一般の人々が関心を持ち，企業に提案や提言ができるような高度な市民社会を構築することが大きな効果を上げるだろう。さらに国内での人材育成を担う大学や研究機関，半導体関連産業，エンジニアなどさまざまなステークホルダーが協力して企業の暴走に歯止めをかけ，技術や人材を国内に残し長期的に育てていくという方向性を打ち出す必要がある。

1） この文脈における正当性とは，マックス・ウェーバーの「合法的支配」（ウェーバー
1960）であり，中国との政治的対立と中国政府の脅威が，台湾政府に技術流出のリスクマ
ネジメントを実施し国民の総意や企業から賛同を得るための正当性を付与している。
2） 台湾を代表する石化産業人手。事業内容は，石油精製，石油化学，プラスチック，繊維，
紡織，電子，エネルギー，製鉄，運輸，機械，医療，バイオケミカル等多岐に及ぶ（台塑
集団公式ウェブサイト）。

［引用・参考文献］
〈日本語文献〉
大嶋英一（2010）「中台経済関係の進展と台湾の自立性」『日台研究支援事業派遣研究者研究
　　報告書』（3月19日）。
　　http://www.lib.kobe-u.ac.jp/infolib/meta_pub/G0000003kernel_90001104
今枝法之（2009）「U・ベックの「個人化」論について」『松山大学論集 第21巻第3号』（8月）。
上田和勇（2012）『事例で学ぶリスクマネジメント入門−復元力を生み出すリスクマネジメ
　　ント思考』同文館出版。
上田和勇（2018）「企業経営にみるレジリエンス」奈良由美子，稲村哲也編著『レジリエンス
　　の諸相−人類史的視点からの挑戦』放送大学教育振興会，第13章，255-274頁。
ウェーバー，マックス（1960）『支配の社会学1（経済と社会）』世良晃志郎訳，創文社。
金綱基志（2017）「多国籍企業の組織と知識移転」林倬史・古井仁編著『多国籍企業とグロー
　　バルビジネス』税務経理協会。
田畠真弓（2012）「台湾ハイテク産業のグローバル人的ネットワーク−2000年代前半までの
　　技術導入期を中心に」郭洋春・關智一・立教大学経済学部編著『グローバリゼーショ
　　ンと東アジア資本主義』日本経済評論社。
黄偉修（2008）「李登輝総統の大陸政策決定過程−「戒急用忍」を事例として」『日本台湾学
　　会報 第10号』（5月），97-118頁。
　　http://www.yc.tcu.ac.jp/~kiyou/no6/1-05.pdf
経済産業省（2003）『技術流出防止指針—意図せざる技術流出の防止のために—』（3月14日）。
　　https://www.meti.go.jp/policy/economy/chizai/chiteki/pdf/030314guideline2.pdf
中谷義和（2013）「グローバル化とネオリベラリズム（2・完）」『立命館法学 第4号（350号）』。
日刊工業新聞（2018）「米，中国国有企業JHICCと台湾UMCを起訴　マイクロンに産業スパ
　　イ」（11月2日）。
　　https://www.nikkan.co.jp/articles/view/494532

〈英語文献〉
Beck Ulrich（1992）"*Risk Society Towards a New Modernity*". London: Sage Publishing.
Chen and Horton（2020）"TSMC Leads Chipmakers' Sales Surge Ahead of New iPhones"
　　Bloomberg, 2020, October,8th.
　　https://www.bloomberg.com/news/articles/2020-10-08/tsmc-third-quarter-sales-

surge-to-record-amid-jump-in-orders

EET Times-asia（April 2012）"TSMC Grabs 49% of Foundry Market Share", 2012, April 4th. https://archive.eetasia.com/www.eetasia.com/ART_8800664475_480200_NT_9cc20e50. HTM

Leng Tse-Kang（2002）. "Economic Globalization and IT Talent Flows across the Taiwan Strait: The Taipei/Shanghai/Silicon Valley Triangle," *Asian Survey* 42:2（March/ April 2002）, pp. 230–50.

Polanyi, Michael（1966）. *The Tacit Dimension*. Garden City, NY: Doubleday.

Vogus, Timothy J. and Sutcliffe Kathleen M.（2007）"Organizational Resilience: Towards a Theory and Research Agenda," Proceedings of *the IEEE International Conference on Systems, Man and Cybernetics*, Montréal, Canada, 7–10 October 2007.

Wimmer, Jeffrey and Quandt, Thorsten（2006）. "Living in the Risk Society: an Interview with Ulrich Beck," *Journalism Studies* 7:2, pp. 336–347.

〈中国語文献〉　著者名ピンイン順

工商時報「張忠謀跳腳! 李登輝戒急用忍 台積電慘遭超車」（2020 年 7 月 31 日）。
　　　　https://ctee.com.tw/news/tech/310678.html

黃日燦「黃日燦看併購, 聯電入股和艦 撲朔迷離 峰迴路轉」（『經濟日報』2012 年 11 月 29 日）。
　　　　黃日燦看併購, 聯電入股和艦 撲朔迷離 峰迴路轉, 經濟日報 | Insights | Jones Day

科技新報「2020 年第二季全球晶圓代工產值年增二成, 下半年市場不確定性仍在」（2020 年 6 月 11 日）。
　　　　https://technews.tw/2020/06/11/global-wafer-foundry-output-value-will-increase-by-20-annually-in-the-second-quarter-of-2020/

林宏文「美光控侵權 聯電有如走鋼索的冒險」（『今周刊』2018 年 11 月 6 日）。
　　　　美光控侵權 聯電有如走鋼索的冒險 – 今周刊（businesstoday.com.tw）

林宏達「台商 30 年 聯電曹興誠 悔不當初的西進路」（『財訊』2020 年 2 月 5 日）。
　　　　聯電曹興誠 悔不當初的西進路「如果能重來…我希望沒有到大陸設廠」｜財訊–掌握趨勢 投資未來 | 最懂投資的財經媒體（wealth.com.tw）

台塑集団公式ウェブサイト。
　　　　https://www.fpg.com.tw/tw/about/establisher

王鳳生、鄭育仁「從高科技產業動態發展模式解析兩岸產業競合策略」（『科技管理學刊』第 8 卷第 1 期, 2003 年）, 177–199 頁。

蕭洵「台灣高科技產業面臨來自中國的挑戰」（『美國之音』2008 年 10 月 2 日）。
　　　　https://www.voacantonese.com/a/news-taiwan-hi-tech-industry-faces-ip-theft-and-talents-outflow-challenges-20181001/4595902.html

鄭琪芳「假如當年沒有『戒急用忍』」（『自由財經』2020 年 8 月 6 日）。
　　　　https://ec.ltn.com.tw/article/paper/1391280

自由時報「西進踢鐵板 聯電切割晉華 聯芯續虧損」（2020 年 6 月 13 日）。
　　　　https://ec.ltn.com.tw/article/paper/1379468

第7章

日系流通企業の東南アジア諸国への進出における異文化リスク対応に関する試論

1 はじめに

　近年，日系流通企業は，日本国内市場の成熟化や競争激化に伴い，国際化することで事業展開を拡大させようとする動きが本格化しつつある。その中でも，東南アジア諸国へと出店する企業は多く存在するが，この動きに伴い，現地の消費市場やその背景となる文化の認識や理解を踏まえた異文化リスクへの対応の必要性も高まっている。

　そこで，まずはそもそも「文化」はいつ頃から世間一般に注目されていたのかについて，個人レベルにおける文化を構成する要素について確認する。次に，日系流通企業が東南アジアへ進出する際の考慮すべき市場の特性や市場構造等について考察を行う。そして，文化に関連する要素を階層的に検討することの有効性を示した上で，異文化リスクに対応するために，文化発信を通して日本ないし日系企業の文化を理解してもらい，異文化リスクを低減させる方法か，文化適応を通して異文化リスクを低減させる方法として，カルチャー・コンピタンス・マーケティング（CCM）の考え方を参考に，実際にヒアリングを行った企業の事業活動に焦点を当て，どのように異文化リスクに対応しているかを考察する。

2 異文化リスク対応を考慮した日系流通企業の 国際化に関する分析枠組み

2-1　個人における文化の構成要素と異文化理解力

　異文化リスクに対応するためには，そもそも文化を理解することが重要なのは周知の事実である。この文化という言葉が世間でいつ頃から注目され，使われてきたのか。ここでは便宜的に「Google Books Ngram Viewer」を用い，culture，cultural，globalという3つの単語を文化に関連する議論に必要な単語と仮定し，1500年以降どの時期にこれらの単語が文献の中で多く使われていたのか（文化がいつ頃から注目されてきたのか）を確認してみたい。[1] その結果は下記図表の通りである。

　cultureやculturalという単語は，歴史的に見れば，1530年代にも出現頻度が高かったことが伺える。1600年代以降はculture，culturalともに出現頻度が低くなっているが，cultureに関しては，1770年代以降に再び出現頻度は高まり，その後もその他の2つの単語と比べると，出現頻度は高かったことがわかる。一

図表7-1　書籍における文化に関連する単語の出現頻度の推移

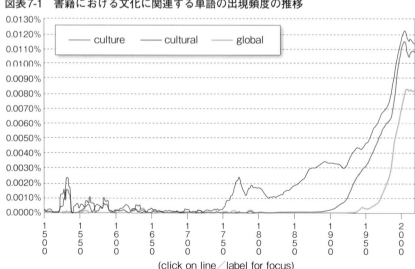

出所：Google books Ngram Viewer（2020年11月15日時点アクセス）。

方culturalは，1530年代の出現頻度の高まりの後，出現頻度は低くなる。その後，急激に出現頻度が高まったのは1950年代以降である。また，globalの出現頻度は1980年代以降高まっている。

　それぞれの言葉の出現頻度の推移は異なるものの，3つの言葉の出現頻度の高まりを，文化に対する世間一般からの注目が高まった時期と仮定してみよう。1980年代以降の文化に関する注目は，2000年代中頃にピークを迎え，2010年頃までは出現頻度が下がっている。その後は横ばいの状態が続いていることから，1980年代以降，文化に関する注目は継続しているものと考えられる。こうした状況は，ICTの発展や企業の事業活動におけるグローバル展開への注目，さらには事業活動の国際展開といった活動自体が活発化し拡大する中で，広く一般に文化（異文化）に関する議論や理解が重要と考えられてきたためと推察できる。

　企業が事業拡大を行うべく，国際的に市場を拡大していくためには，進出国や地域の文化を認識し，理解できることのメリットは大きい。ただし，文化は複雑かつ多義的に用いられることが多い。歴史的には，「耕作や農耕活動」と定義されたり，「文明」という意味で用いられたりもしている。[2]

　文明をも含む多様に用いられる文化について山崎（2007）は，「文明が国家という組織をつくる原理」に対して，文化を「きわめて特殊な社会化の原理」や「身体化された文明」，「意識化された習慣」と捉えている。また，「文明は国家よりも大きな統一へ，文化は国家よりも小さな統一へ」とそれぞれがまったく別の流れの中にあることを示した上で，現代の文化を「価値観を含んだ生活習慣」として捉えた場合，多様化と細分化していることを指摘し，個人が共感できる文化は「近隣集落や血縁親睦の文化」といった個人に近いところから考えることの重要性を示している。[3]

　こうした個人のレベルから捉えた文化の基本的な源泉を，ウズニエラは次頁の図のように示している。

図表7-2　個人レベルにおける文化的背景の基本的な源泉

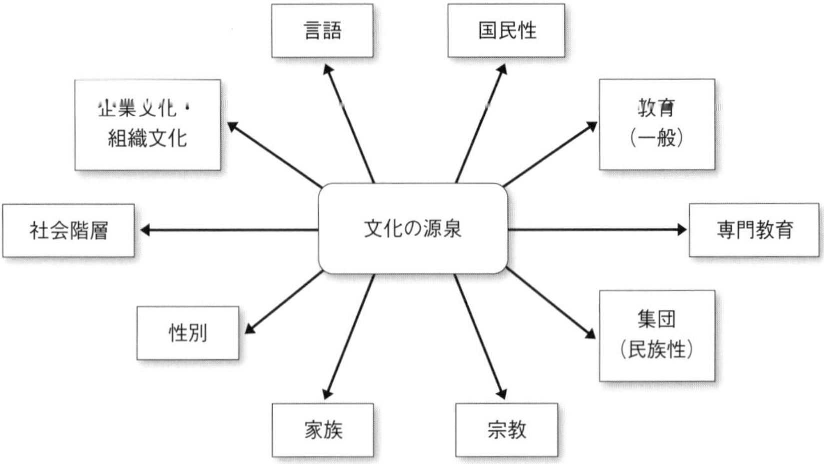

出所：ジャン・クロード・ウズニエ，ジュリー・アン・リー著，小川孔輔，本間大一監訳（2011），13頁。

　上記図表に示される個人レベルの文化的背景となる個々の源泉は，それぞれの国や地域の歴史的背景や実情によってその強弱は異なる。それらが結果として，ある時点のある国や地域の個人の文化として，また，個人の集まりが国や地域における市場として形成される。

　こうした異文化の理解力については，一握りの次世代のリーダーだけでなく，多くの「ビジネスパーソンにとっての必須の教養といえる時代」に突入したと指摘される。[4]

　メイヤー（2015）は，異文化を理解するための企業の「マネジャーが自覚しておくべき分野」の指標として，①コミュニケーション（ローコンテクストvsハイコンテクスト），②評価（直接的ネガティブ・フィードバックvs間接的なネガティブ・フィードバック），③説得（原理優先vs応用優先），④リード（平等主義vs階層主義），⑤決断（合意志向vsトップダウン式），⑥信頼（タスクベースvs関係ベース），⑦見解の相違（対立型vs対立回避型），⑧スケジューリング（直接的な時間vs柔軟な時間）という8つを提示している。それぞれの指標における2つの特徴を両端とし（例えばコミュニケーションであれば，ローコ

ンテクストかハイコンテクストといったように），その中でどこに位置するかを分布モデルとして確認することでそれぞれの文化の特徴を理解する。これらの8つの指標の両端は以下のように説明される。

　まず，コミュニケーションの指標については，ローコンテクストを「よいコミュニケーションとは厳密で，シンプルで，明確なものである。メッセージは額面通りに伝え，額面通りに受け取る。コミュニケーションを明確にするためならば繰り返しも歓迎される」とし，一方，ハイコンテクストを「よいコミュニケーションとは繊細で，含みがあり，多層的なものである。メッセージは行間で伝え，行間で受け取る。ほのめかして伝えられることが多く，はっきりと口にすることは少ない」としている[5]。

　評価の指標については，「各文化がどれほど率直にネガティブな批判を行うかを俯瞰」できるとし，直接的なネガティブ・フィードバックは「同僚へのネガティブ・フィードバックは率直に，単刀直入に，正直に伝えられる。ネガティブなメッセージをそのまま伝え，ポジティブなメッセージで和らげることはしない。顕著な例では，批判する際に『間違いなく不適切だ』や『まったくもってプロフェッショナルとは言えない』といった言葉が使われる。批判はグループの前で個人に向けて行われもする」とし，一方，間接的なネガティブ・フィードバックは「同僚へのネガティブ・フィードバックは柔らかく，さりげなく，やんわりと伝えられる。ポジティブなメッセージでネガティブなメッセージを包み込む。顕著な例では，『やや不適切だ』や『少しプロフェッショナルじゃない』といった言葉が使われる。批判は1対1でのみ行われる」としている[6]。

　説得の指標については，原理優先を「各人は最初に理論や複雑な概念を検討してから事実や，発言や，意見を提示するように訓練されている。理論的な議論をもとに報告を行ってから結論へと移るのが好ましいとされている。各状況の奥に潜む概念的原理に価値が置かれる」とし，一方，応用優先を「各人は事実や，発言や，意見を提示した後で，それを裏付けたり結論に説得力を持たせる概念を加えるように訓練されている。まとめたり箇条書きにしてメッセージや報告を伝えるのが好ましいとされている。議論は実践的で具体的に行われる。理論や哲学的な議論はビジネス環境では避けられている」としている[7]。

　リードの指標については，平等主義的は「上司と部下の理想の距離は近いものである。理想の上司とは平等な人々の中のまとめ役である。組織はフラット。

しばしば序列を飛び越えてコミュニケーションが行われる」とし，一方，階層主義的は「上司と部下の理想の距離は遠いものである。理想の上司とは最前線で導く強い旗振り役である。肩書きが重要。組織は多層的で固定的。序列に沿ってコミュニケーションが行われる」としている[8]。

決断の指標については，合意志向を「決断は全員の合意の上グループでなされる」とし，トップダウン式を「決断は個人でなされる（たいていは上司がする）」としている[9]。

信頼の指標については，タスクベースは「信頼はビジネスに関連した活動によって築かれる。仕事の関係は実際の状況に合わせてくっついたり離れたりが簡単にできる。あなたが常にいい仕事をしていれば，あなたは頼りがいがあるということになり，私もあなたとの仕事に満足し，あなたを信頼する」とし，一方，関係ベースは「信頼は食事をしたり，お酒を飲んだり，コーヒーを一緒に飲むことによって築かれる。仕事の関係はゆっくりと長い期間をかけて築かれる。あなたの深いところまでを見てきて，個人的な時間も共有し，あなたのことを信頼している人たちのことも知っているから，私はあなたを信頼する」としている[10]。

見解の相違の指標は，対立型を「見解の相違や議論はチームや組織にとってポジティブなものだと考えている。表立って対立するのは問題ないことであり，関係にネガティブな影響は与えない」とし，対立回避型を「見解の相違や議論はチームや組織にとってネガティブなものだと考えている。表立って対立するのは問題で，グループの調和が乱れたり，関係にネガティブな影響を与える」としている[11]。

スケジューリングの指標は，直接的な時間を「プロジェクトは連続的なものとして捉えられ，ひとつの作業が終わったら次の作業へと進む。邪魔は入らない。重要なのは締め切りで，スケジュール通りに進むこと。柔軟性ではなく組織性や迅速さに価値が置かれる」とし，柔軟な時間を「プロジェクトは流動的なものとして捉えられ，場当たり的に作業を進める。さまざまなことが同時に進行し邪魔が入っても受け入れられる。大切なのは順応性であり，組織性よりも柔軟性に価値が置かれる」としている[12]。

上述の8つの指標をもとに，「カルチャーマップ」を作成することができる。その際，異文化を理解するために重要となるのは，「相対性（文化の相対性）」

である。文化の異なる人との関係を考える場合，それぞれの文化の相対的な位置付けこそが異文化の理解には不可欠となる[13]。

　このように，企業が文化の異なる市場にアプローチするには，個人の文化の集合体である市場に対して，個人レベルでの文化を構成する源泉を考慮した上で，異文化の特徴を理解することが必要である。

2-2　日系流通企業の国際化における市場の捉え方

　流通企業においては，市場の成熟化や飽和化に伴い，事業活動を拡大していくためにも海外進出を余儀なくされる。日系流通企業の場合，近年においては，多くの企業がアジア地域の市場拡大を期待し，進出を行っている場合が多い。こうした流通企業の国際化を前提として，各国各地域におけるそれぞれの市場の特性や市場構造を捉えるための論点を丹念に調査し，詳細に検討しているのは，川端である。ここでは，川端の小売国際化の考え方を小売企業だけでなく，卸売企業や外食産業においても有効な市場の捉え方として検討する。

　川端（2009）は，小売国際化現象を捉えるためには，国際化を考える小売企業が「進出先市場の特性にどう戦略を適応化させるのかが大きな課題」と指摘する。それは，小売企業自体が進出先市場の特性の影響を受け，主体となる小売企業の戦略とその企業の進出先市場の市場特性との両者をバランスよく捉えることが小売国際化を実践していく上で重要だからである。

　この小売企業の国際化について，海外市場でも稼ぐことを前提とした店舗出店，店舗開発，店舗運営を行うためには，「①進出の意思決定（市場選定）を行い，②1号店の開発（建設または賃借）をし，③従業員を雇用し，④現地の消費者が必要とする商品を品揃えし，⑤販売して，さらに⑥2号店以降の店舗開発を行い，⑦各店舗の運営（プロパティマネジメント）を行って，利益を上げるという一連の経営行動」が重要であるとし，この7つを海外出店行動の諸側面とし，それぞれに影響する市場特性要素を示している[14]（次頁図表参照）。

図表7-3　小売企業の国際化（海外出店行動）の諸側面とそれに影響する市場特性要素

	海外出店の諸側面	市場特性要素
①	進出の意思決定	人口規模，日本人市場の規模，平均所得，消費市場の成長率，都市開発状況，国民性，宗教，政治的安定度
②	1号店の店舗開発	都市開発状況，商業施設開発状況，立地規制，不動産慣行
③	従業員の雇用	労働法的規制，労働慣行
④	商品調達	関税，輸入規制，流通システムの態様（川上と川下のパワーバランス），中間流通の状況，取引慣行，輸送インフラの状況
⑤	商品販売	気候特性，所得，人口密度，民族構成，宗教構成，住宅事情，生活習慣
⑥	2号店以降の店舗開発	人口密度，都市計画，立地規制，不動産（賃貸）慣行，消費者モビリティ，資金調達，金利動向
⑦	店舗運営	気候変動，テナントリーシング環境

出所：川端基夫（2009）「小売国際化とアジア市場の特性」向山雅夫・崔相鐡編『小売企業の国際展開』中央経済社，p.33 参照。

　上記図表のように，海外進出の諸側面となる7つの経営行動に影響を与える市場特性要素は，各市場に対して共通性の高いものが要素として列挙されている。それぞれの市場において，上記の要素群の状態が異なり，それらが組み合わさって構成されることによって市場が成立することから，市場ごとの違いが見出させる。

　なお，市場特性の影響度合いは，進出する企業と進出先によっても異なることが指摘される。加えて，これらの市場特性や企業の状況も変化し続ける。そのため，市場特性は，企業が市場参入しようとした際の企業と市場との関係，参入時期などのタイミング，さらに企業が進出している他市場との共通性や固有性といった相対的な関係性の中で意識され，把握されることが重要となる。[15]

　また，川端は国際化する企業が進出先市場を捉える際に重要な概念として，フィルター構造，市場コンテキスト，暗黙知（地域暗黙知）の3つを提示している。

　第1にフィルター構造は，市場特性の要素群の集合体（総体）として捉えられる。この構造は「各市場に備わる固有の構造体が海外からの小売業を『選択的に通過させている（濾過している）』こと」とし，「この選択的な通過が，小売国際化の成否を決めている」と指摘する。例えば「首尾よく，そのフィルター

構造を通過できない場合は，大幅な戦略変更を要求されたり撤退を余儀なくされたりする」こととなり，「その場合も主体の特性とフィルター構造との関係，参入タイミングとの関係」によって決定づけられる。こうしたさまざまな「各フィルターが相互に結合（関連）して1つの『構造体』を形成し，海外から参入してきた小売業の店舗経営の諸側面（ビジネスモデル）にシステマティックな影響を与えている」（川端1999，2000，2009）。

　なお，川端（2017）は，フィルター構造論について「あえて文化論と一線を画している」と指摘する。それは，文化という概念が持つ多義性や曖昧さのため，「安易な文化論」という考え方は，その他の捉えるべき要因を見逃す恐れにつながるからである。そのため，「文化も意味付けの仕組みを構成する要因の1つとして，ほかの社会的な要因との関係もにらみつつ注目されるべき」と指摘する。[16]

　第2に，市場コンテキストの存在である。そもそも，海外市場の成長状況に事業機会を見出す企業があったとしても，そうした日系企業の多くは，進出先にて「思わぬ意味付けや価値づけの洗礼を浴びるケース」が多く散見されるためである。[17] そこで，川端はフィルター構造の影響として，「長くその市場で暮らす中で身に付けた『捉え方のクセ』も含めた，より幅広い市場の『文脈』が生み出してる」意味付けや価値づけを捉えることの重要性を示す「市場コンテキスト（脈絡）」概念を提示している。これは，社会的仕組み（フィルター構造）にもとづく意味付けとともに，「市場の脈絡が生み出し思考のクセがもたらす，より直接的な意味付け」であり，「意味付けの仕組みや意味内容を規定する仕組みを表すもの」として示される。

　市場コンテキストもフィルター構造と同様に参入主体との相対的な関係性の中で成立している。つまり，「商品ごと，業態ごと，ビジネスモデルごとに異なる姿」であり，「当然，意味付けを生み出し支えるメカニズムも異なる」ものとされる。また，そのタイミングによっても異なる意味付けで捉えられることもあり得る動態的なものとして示される。[18]

　最後に，暗黙知（地域暗黙知）である。[19] 川端は，国際化する企業が市場を理解するために重要な文化を構成する要素（文化的な要因）は「市場コンテキストの中で重要な位置を占め，しばしばモノゴトへの意味付けを決めるカギとなることが多い」と指摘しているが，企業が国際化し，海外進出の機会が増える

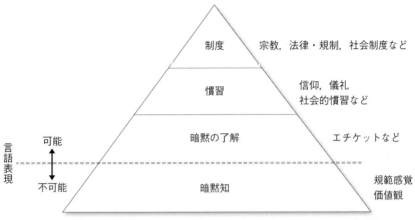

図表7-4　文化的な要因の階層構造

出所：川端基夫（2017）『消費大陸アジア—巨大市場を読みとく』ちくま新書，p.205より作成。

中で，ある種の経験則が先入観や固定観念を生じさせ，市場の理解に誤解が生じたり，「結果的に，文化以外の要因も含めた市場ごとのコンテキスト全体に光をあてる，ということが欠落する要因」となることに対して注意すべき，と警告している。そして，文化的な要因を捉えるに際して，制度，慣習，暗黙の了解，暗黙知という4つの階層性に注目している（上記図表参照）。

　一番上位の階層は，宗教，法律，規制，社会制度（例：社会保障や教育など）など，明文化され，内容を確認，共有化することができるものとされる。その特徴は，「ひとたび制度化されたものは固定化され，時代を経ても簡単には変化しない」ことである。二番目の階層は，制度のように明確には制度化はされていないものの，「広く人々の間で共有化されている決めごと」として，信仰や慣習，風習などを典型例とした「明文化はされていないが歴史的に決められてきた比較的明確な社会ルール」とされる。三番目の階層は，エチケットやマナーなど「ルールというよりも暗黙の了解事項」とされ，「ゆるやかな規範として社会で共有されているもの」が位置付けられる。また，ここに属するものは，「時代や他の要因との関係で比較的変化しやすい」とされる。最下層に位置付けられるのが，暗黙知である。上述の3つの階層を支える存在として，「社会で共有された価値観あるいは規範感覚というべきものを生み出している」暗黙知は，

言語表現可能なものとされる上位の階層とは異なり，言語表現不可能なものとして示される。このように，文化的な要因には階層があるため，これに関する議論をする際には，どの階層についての議論なのか，注意，認識する必要がある。また，階層によって対処方法も異なるが，言語表現可能な制度や慣習，暗黙の了解については，内容を適切に把握できれば対処は難しくないが，暗黙知については，「必ずしも現地に合わせればよいということに留まらない」ため，「より意味付けとの関係を考えることが重要」であり，「現地の規範感覚とのギャップを『どう利用するのか』といった視点からの検討が必要」と指摘される。

　なお，この文化を構成する要素（文化的な要因）それぞれに階層性があるため，それぞれの階層次元から捉え，検討する必要がある。これらの階層性の基層部分となる暗黙知が，社会で共有された価値観や規範感覚といったいわば「当たり前」の感覚となる。この「モノゴトの意味付けを根源的なところで支配」し，「地域に埋め込まれた暗黙知」である地域暗黙知の「消費のあり方を規定する部分」が市場コンテキストとなる[20)]。

　このように，日系流通企業が市場を把握するためには，多義的な文化を安易に捉えることは，市場の深い理解には結びつかないため，社会的仕組みとしてのフィルター構造や，それにもとづく意味付けや意味内容を規定する仕組みとしての市場コンテキスト，さらには市場コンテキストを規定する地域における規範感覚や価値観を生み出す地域暗黙知の存在を根底として考慮し，理解することが望まれる。また，文化に関連する要因を理解するためにも，その要素の階層性（次元）を意識した議論が必要となる。加えて，現地の状況を理解し，うまく対応するためには，地域暗黙知のように，現地の規範感覚や価値観をうまく利用することで市場機会を見出す可能性についても注目すべきである。

2-3　カルチャー・コンピタンス・マーケティングにもとづく異文化リスクへの対応

　川端と同様に，文化（消費文化）における階層性を考慮し，文化を企業の事業活動における競争力として戦略的に捉えようとする動きもある。それは，「カルチャー・コンピタンス・マーケティング（以下，CCM）」と呼ばれる[21)]。

　三浦（2020）は，文化を「a.人々の生活様式全般に関わり，b.人間が学習・

創造したもので，c.特定の社会・集団で共有され，d.人間行動を規定し，e.異な
る文化間で優劣は付けられない相対的なもの」とし，「(生活全般にわたる) 価
値と象徴のシステム」と定義する。そしてこの文化を構成する要素として，「価
値・行為・制度」の3つを提示し，これらの要素間の関係については，「a.価値
が行為を規定し，行為が一定の規則性・構造を持つ制度になる」，また「b.価値
が，行為や制度に象徴的意味として付加される」と文化の構造を提示している。[22]

　こうした文化の階層構造を踏まえ，三浦 (2020) は，カルチャー・コンピタ
ンスを「(企業の持つ) 文化資源の創造・調整能力」と指摘する。これは，技術
資源と同様に文化資源も企業の競争力として有用な存在と位置付けられ，「自社
の文化資源を模倣困難な形で創造し，進出先市場の文化にマッチング (調整)
させる能力」として，文化資源の創造能力と調整能力という2つの能力に注目
している。[23]

　文化資源の創造能力は，「a.独自の歴史的条件 (企業ブランドの形成に歴史が関
わる)，b.因果関係曖昧性 (製品コンセプトの創造メカニズムが時に不明)，c.社
会的複雑性 (ブランド創造に社員・チャネルなど多くの要因が関わる)」を文化
資源の諸要因として，これらの要因が模倣困難性を高めるものと示される。た
だし，文化資源とされる企業ブランドは長期的に形成されるものであり，COO
(原産国) イメージは利用ないし調整するものであるため，製品コンセプト (価
値) の創造が基本となっている。[24] 一方，文化資源の調整能力は，「『進出先市場
の文化にマッチング』させられるか」をそのポイントとし，マッチングが必要
な理由を「自社の文化資源 (企業ブランド，製品コンセプト，COOイメージ)
の意味付け (評価) が進出先文化圏 (他国，自国の下位文化) によって異なる
から」としている。なお，このマッチングの方法は「文化発信 (自社文化を発
信) と文化適応 (進出先文化に適応)」の2つが提示される。2つの戦略のうち，
どちらを採用するかは，自国文化 (日系流通企業であれば日本の文化) と相手
先文化との文化の親和性や中心性を考慮した異同分析にもとづき意思決定がな
される。[25] 親和性とは，「自文化がイノベーション・接触文化とどの程度共通性／
類似性があるかを表す概念」である。一方，中心性とは，「ある文化圏 (CCM
ではターゲット市場) においてある文化 (例えば食文化) がどの程度重要な価
値と結び付いているか」を示すものである。[26] そして「親和性の高い市場には，
文化発信，低い市場には文化適応が基本」としている。ただし，親和性の低い

市場でも中心性が高い場合は，文化発信を受容する可能性があることが指摘される（例：食の中心性の高いフランスでは日本食の価値を受容してくれる可能性が高い場合）。この文化資源の調整戦略においては，「文化発信は，自社の文化資源の価値（企業ブランド・製品コンセプト・COOイメージ）を進出先市場でも主張するのに対し，文化適応は，進出先市場において，どこかの部分を相手先文化に適応させる」戦略と指摘される[27]。

　ところで，文化発信と文化適応はそれぞれがグローバル・マーケティングにおける標準化と現地化（適応化）に対応する。文化発信は標準化，文化適応は現地化と対応しており，「文化発信のCCMでは，意味付け（価値）を発信し，文化適応のCCMでは，意味付け（価値）を適応させる。意味付け（価値）の適応は，a.意味付けだけ適応の戦略（製品・サービスは同じ），b.製品・サービスと意味付けを共に適応の戦略」とに分類できるものとしている[28]。また，それぞれの戦略には，価値の伝達・拡散と制度の構築の2つがある。価値伝達・拡散の戦略は，異文化間における文化の橋渡し役としての「異文化ゲートキーパー」，一般消費者による価値の伝達・拡散を行う「集合知戦略」や「集散地戦略」，実際に実践してもらうことで価値を理解させる「行為させて理解させる戦略」という4つの戦略が示される。一方，制度の構築の戦略においては，消費者やユーザー同士が集まれる場を提供する「（集合知・集散知の）プラットフォーム戦略」，定期的な行事化，制度化を狙う「年中行事と連動戦略」，販売経路構築策を通した継続購買を目指す「宅配などチャネル戦略」が示されている[29]。

　このように，文化を競争力とする「カルチャー・コンピタンスのある企業とは，自社の文化資源を模倣困難な形で創造できる企業であり，当該文化資源を進出先市場の文化とマッチング（文化発信・文化適応）させて浸透・評価を得る企業」と捉え，「カルチャー・コンピタンスを有効に用いるマーケティング」をCCMと定義している[30]。

　CCMのうち，文化資源を調整する戦略として位置付けられる文化発信と文化適応を参考に，異文化リスクに対応する日系流通企業の事業展開を考える場合，文化発信は東南アジアの市場に対して進出する日系流通企業の持つ文化資源（製品・企業・COOイメージ）の意味付け（価値）を発信し，受け容れてもらうことで，異文化に対するリスクを低減させることが可能となると考えられる。一方，文化適応は，東南アジア市場の文化を認識，理解し寄り添い，自社

の製品やサービスなどの意味付け（価値）を適応させることで異文化リスクを低減させることが可能となると考えられる。つまり，企業の事業活動の対象となる東南アジアの市場（異文化）に対して，日系流通企業の持つ文化資源（製品・企業・COO）をどのように馴染ませるか，そして，いかに馴染むかということが重要となる。

3 日系流通企業による異文化リスクへの対応事例

ここでは，近年，東南アジア市場へ進出し事業展開を行ってきた日系流通企業のうち，ヒアリング調査を行った企業のいくつかの活動に焦点を当て，異文化リスクにどのように対応したのかについて考察を行う。その際に，上述の三浦（2020）の示したCCMの文化資源を調整する戦略を参考としながら，どのように文化発信を行い，また文化適応していったのかについて，高島屋ベトナムとモッタイナイワールドの事業活動を事例として考察する。

3-1 高島屋ベトナムのケース

まず，高島屋ベトナムである。ベトナムのホーチミン市に2016年7月に出店した同店舗は，高島屋と高島屋の不動産ディベロッパーである東神開発株式会社，さらにはシンガポールの不動産会社であるケッペルランド社，その他ベトナム企業2社と協業し，ベトナム初となるショッピングセンターであるサイゴンセンターの核として開業している。[31]この出店は，ホーチミン市における百貨店などのいわゆる大型店舗を基軸とした「まちづくり」に誘致されたものである。これは高島屋自身が掲げる「まちづくり」戦略の一環との親和性は高い。

ただし，この出店に際して，小売りや投資などのライセンスを取得するのに1年半以上かかっている。これは周辺のパパママストアに影響を与える可能性があるためである。しかし，これまでに高島屋がベトナムの大学等への寄付をしてきたことなど，社会貢献の功績もあり，地域貢献をしていく企業だということが認められ，ライセンスが付与されている。[32]

この出店による事業活動の展開は，シンガポールでの20年以上に渡る経験を

活かしたものである。特にショッピングセンターの運営等，グループ会社である東神開発の培ってきたノウハウを活かし，百貨店，不動産，商業施設運営の3つを柱として，事業開始後できるだけ早期に黒字化させることを狙っている。

　同店舗の出店エリアの商圏範囲である5km圏内には，富裕層居住エリアがあり，同社もベトナムの富裕層をコア・ターゲットとしている。しかし，開店当初は，雪駄やつっかけを履いて来店したり，パジャマを着て来店したお客様も多かった。そのような服装で訪れる場所ではなく，おしゃれな恰好で来店する場所だと徐々に認識してくれるようになっている[33]。このように，その店にふさわしい服装などがあることを示す場所としても理解されてきている。

　一方，品揃えについては，あえてラグジュアリー・ブランドを誘致しないこととしている。ここには2つの理由がある。第1に，ラグジュアリー・ブランドの出店に必要な店舗内の専有面積が割合に広いため，多くのラグジュアリー・ブランドの出店が難しいことであり，第2に，ラグジュアリー・ブランドの現地の代理商が存在するため，人気の新作ブランドの取り揃えにタイムロスが発生する恐れがあり，その結果，コア・ターゲットとなる富裕層がシンガポールなどその他の場所にてラグジュアリー・ブランドを購入することを見越したためである[34]。そのため，化粧品や衣料品などにおいてもセカンド・ラインやサード・ラインの取り揃えを重視することで，国内外の近隣のラグジュアリー・ブランドを出店する店舗とは異なる品揃えの実験の場ともなっている。つまり，この店舗が顧客にとっての新たな有力ブランドの発見の場であり，それはバイヤーの腕の見せ所となっている。また，食品売場においては，現地の人たちの興味の高い安心・安全や日本のデパ地下でも人気のブランドを展開している。そのほか，文化交流の観点からも日本で行われる四季のイベントなどを開催し，文化を発信している。

　このように，ゲートキーパーとしての役割を担いつつも，実験的な品揃えなども行い，異文化リスクへの対応を行っているものと考えられる[35]。

3-2　モッタイナイワールドのケース

　次に，モッタイナイワールドである。同社は，愛媛県今治市に所在する株式会社ありがとうサービスの子会社である。ありがとうサービスは，中古品の販

売を行うハードオフのフランチャイズチェーン加盟店として20年以上事業を展開しているが，その子会社であるモッタイナイワールドは，2016年12月にカンボジアのプノンペン市内にハードオフを出店し，その後，2020年2月にタイのバンコク郊外にもハードオフを出店している。同社のフランチャイザーであるハードオフにとってカンボジア出店は，2007年1月の韓国からの撤退以来10年ぶりとなる[36]。

　ありがとうサービスがモッタイナイワールドを設立した背景には，オークションやフリーマーケットなど，日本国内での二次流通需要が高まる中，それでもリユースされない売れない商品の存在があった[37]。それらの商品は，回収業者に回収を依頼し，廃棄されていたが，その後，商品がどのように廃棄されるのかを調査した結果，これらの商品が回収業者から東南アジア諸国で販売されていることが判明した。そうした状況ならば，自社で手掛けていこうという決意からスタートしている。その際，子会社設立の条件として，①100％子会社が設立できる，②親日国であること，③政治情勢が不透明ではない，といった点を考慮しカンボジアに会社を設立している。特に100％子会社については，これまで同社の海外への出店経験がないこと，株主に対する同社の意識や理念，日本の会社として設立したという意識がある[38]。

　もっとも，ありがとうサービスの代表取締役最終経営責任者である井本氏は，リユース事業を開始した当初からリユース商品としてまだ使える，売れてもよさそうなものが売れない，廃棄するしかないことに「なぜだろう」，という疑問を感じつつ事業を展開していた。その「もったいない」の気持ちが子会社の名前の由来となっている。こうした海外での事業展開は，日本のリユース事業の店舗で廃棄扱いとなったものを現地のスタッフが値付けし，販売している。そのため，セカンドハンドの次という意味で「サードハンドビジネス」として位置付けられているが，その商品の取扱い比率は，衣類とその他で半々くらいの構成比となっている。また，カンボジアやタイのバンコク郊外へとあえて出店することで，日本では廃棄商品となったリユース商品が少しでも現地の生活水準を高めることを意図している。

　このように，日本の店舗では廃棄されるリユース商品でも，サードハンドとして，カンボジアやタイ郊外の現地消費者の生活に利用できる商品を求めやすい値段で提供することで生活水準を底上げすることは，現地消費者の生活を豊

かにする可能性のあるものを提供する「行為させて理解させる戦略」により，価値の伝達・拡散を通して現地への適応を行っているものと考えられる。加えて，二次流通を日本国内だけでなく，海外での事業展開を含んだ形に拡張することで，これまで日本国内で廃棄となっていたリユース商品を，サードハンド商品として廃棄することなく循環させるという可能性を示した事例ともいえる。

4　おわりに

　文化に対する注目は，近年特に世間一般からも注目されてきたが，異文化リスクに対応するためには，まずは多義的な文化の構成要素を考慮することが大切となる。また，文化の構成要素には，それぞれが階層構造で構築されているため，どの次元の議論をしているのかについて認識した上での検討が望まれる。これらを踏まえ，異文化リスクにどのように対応することが望ましいかということだが，日系流通企業の国際化においては，CCM戦略の示すように，各社の持つ製品やサービスレベル，企業レベル，そして原産国イメージのレベルといった3つの文化的要素をうまく利用することが大切であり，CCM調整戦略における文化発信と文化適応を適宜使い分けたり，組み合わせる方法を通して異文化リスクを低減させることが事業活動における異文化リスク対応には重要になるものと思われる。高島屋ベトナムは，日本文化を発信するゲートキーパーという役割を担いつつも，商品の取り揃えにおいては，あえてラグジュアリー・ブランドではなく，セカンド・ライン，サード・ラインを模索する発見の機会と位置付ける中で，現地への適応や市場創造を試みる事業展開を行っている。一方，モッタイナイワールドは，日本の二次流通でも廃棄される商品をサードハンドとして，カンボジアやタイのバンコク郊外に出店し，日本では廃棄と判断されてもまだ使えるもったいない商品を，現地消費者の生活標準を高めるために提供することで現地への適応を行っている。また，二次流通を拡張させたサードハンドを通して，商品廃棄の削減や商品の有効活用，循環による環境への配慮にも貢献している。

［注記］

1）Google Books Ngram Viewer は，書籍に特定の単語や概念，思想などがどの程度頻繁に
出現しているかの推移を図示してくれるものである。2010年に公開されたこの仕組みは，
文化や歴史などの変化を定量的に示すための観測装置とされたり，「カルチャロミクス」
と呼ばれる研究手法として認識されたりしている。エレツ・エイデン，ジャン＝バティー
スト・ミシェル　阪本芳久訳（2019）『カルチャロミクス　文化をビッグデータで計測する』
草思社文庫，p.45-46参照。

2）ジャン・クロード・ウズニエ，ジュリー・アン・リー著　小川孔輔，本間大一監訳（2011）
,pp.3-4参照。

3）山崎正和（2007）『文明としての教育』新潮社，pp.47-49，pp.128-131参照。

4）エリン・メイヤー著　田岡恵監訳，樋口武志訳（2015）『異文化理解力　相手と自分の真
意がわかるビジネスパーソン必須の教養』英治出版，p.5参照。

5）メイヤー（2015）前掲書，p.59参照。

6）メイヤー（2015）前掲書，p.95参照。

7）メイヤー（2015）前掲書，p.127参照。

8）メイヤー（2015）前掲書，p.159参照。

9）メイヤー（2015）前掲書，p.189参照。

10）メイヤー（2015）前掲書，p.213参照

11）メイヤー（2015）前掲書，p.247参照。

12）メイヤー（2015）前掲書，p.279参照。

13）メイヤー（2015）前掲書，pp.37-40参照。

14）川端基夫（2009）「小売国際化とアジア市場の特性」向山雅夫・崔相鐵編『小売企業の
国際展開』中央経済社，pp.31-33参照。

15）川端（2009）前掲書，pp.33-35参照。日系小売企業における1980年代以降の国際化とそ
れぞれの市場特性要素の説明等については，川端（2009），前掲書，pp.36-46を参照され
たい。ところで，この異文化を理解するための相対性は，上述のメイヤー（2015）も同様
に指摘している。このような相対性にもとづく市場の捉え方は，国際化を試みる企業だけ
の必須条件というよりも，国内・国外に限らず，市場を捉える際にもある程度有効と思わ
れるが，国内よりは海外の市場を捉える場合の方がその重要性は色濃く反映されるものと
考えられる。

16）川端基夫（2017）『消費大陸アジア』ちくま新書，pp.109-113参照。

17）川端（2017）前掲書，pp. 21-22参照。思わぬ洗礼といった話は筆者自身も現地でのヒ
アリングを通してよく耳にすることであった。

18）川端（2017）前掲書，pp.116-122，pp.142-149参照。川端氏は，市場コンテキストをさ
ぐる7つの扉として，①気候，②民族・人口年齢構成），③宗教（信仰も含む），④市場分
布（国土条件），⑤歴史的経緯，⑥政策（規制や教育を含む），⑦所得（分配とローン）を
挙げ，これらから市場のコンテキストの一部が見えてくると指摘する。なお，アジアの市
場コンテキストの詳細については，川端（2005,2006）を参照のこと。

19）暗黙知（地域暗黙知）については，詳しくは川端（2017）前掲書，pp.204-211を参照さ

れたい。

20）川端（2017）前掲書，pp.214–219参照。

21）ここではKMS研究会監修・齋藤通貴・三浦俊彦（2020）『文化を競争力とするマーケティング』中央経済社に依拠する。

22）三浦俊彦（2020）「文化とは何か：定義と構造」KMS研究会監修・齋藤通貴・三浦俊彦（2020）『文化を競争力とするマーケティング』中央経済社，pp.4–5参照。

23）三浦俊彦（2020）「カルチャー・コンピタンス・マーケティングの体系」KMS研究会監修・齋藤通貴・三浦俊彦（2020）『文化を競争力とするマーケティング』中央経済社，pp.72–74参照。

24）詳細な方法として，三浦（2020）は，ペルソナ戦略，現場調査，集合知戦略を提示している。詳しくは，三浦（2020）前掲書，pp.79–82を参照されたい。

25）三浦（2020）前掲書，pp.82–83参照。

26）親和性と中心性は齊藤（2020）の捉え方を前提としている。親和性は，「高ければ受容は容易で必要な時間も短くなり，低ければ受容は困難で必要な時間は長くなる」と捉えられ，「親和性は変容させようとするターゲット市場（の文化）と，接触させようとする文化との関係」として，「同質的であれば高親和性，反対が低親和性」とされ，「親和性が高いほど文化変容は容易で比較的短時間で参入が可能と考えられる」と指摘される。一方，中心性は，「高い程その文化が重要で，低い程重要ではない」とれる（齊藤通貴（2020）「文化変容とカルチャー・コンピタンス・マーケティング戦略」KMS研究会監修・齋藤通貴・三浦俊彦（2020）『文化を競争力とするマーケティング』中央経済社，pp.36–40参照）。

27）三浦（2020）前掲書，pp.83–85参照。例えば食文化においては，日本とアジアは親和性が高い国と位置付けられている。ただし，文化の構成要素は多くあるため，それぞれの要素と親和性が高いかはそれぞれに確認や検討が必要となるものと考えられる。

28）三浦（2020）前掲書，p.85参照。なお，鳥羽（2017）は，世界標準化を「本国で構築してきた手法を盲目的に複製することを意味しない」こと，「現地の文脈に応じた柔軟な複製行動が要求される」としており，一方，現地適応化を「単純に現地市場の特徴や要求に受動的な対応を図ることを意味しない」こと，「本国で構築してきた強みを現地市場の文脈で再解釈して再現を図るような能動的な視点が要求される」と指摘し，国際化を行う小売企業が国境を越えて成長発展するために，市場志向，ダイナミック・ケイパビリティ，埋め込みといった概念を援用することの重要性を示している（鳥羽（2017）「流通業の国際化―小売国際化研究の成果と課題―」『流通』No.40，pp. 56–64参照）。

29）詳しくは，三浦（2020）前掲書，pp.85–89を参照されたい。

30）三浦（2020）前掲書，p.75参照。

31）高島屋2016年7月28日ニュースリリース（URL:https://www.takashimaya.co.jp/base/corp/topics/160728b.pdf）

32）2017年2月24日。高島屋ベトナム　Division manager　藤田大輔氏，Assistant Division manager森由布氏へのヒアリングによる。

33）高島屋ベトナム藤田氏，森氏へのヒアリングより。なお，ここでの富裕層は，年間可処分所得額9,000米ドル以上を想定している。また，富裕層の他にも，商圏範囲10㎞圏内の

アッパーミドルもターゲットとしている（高島屋ベトナム藤田氏，森氏へのヒアリングより）。

34）化粧品や衣料品も関税等の関係から日本とシンガポールと価格に大差はない状態である（高島屋ベトナム藤田氏，森氏へのヒアリングより）。

35）その後，2018年11月にはタイのバンコクへも出店しているが，こちらも「まちづくり」戦略を掲げたゲートキーパーとしての役割を担っていると考えられる。

36）「ハードオフ，中古販売，タイに初出店，海外直営・FC11店目」『日本経済新聞』地方経済面新潟（2020年2月11日記事)，）カンボジア初出店，ハードオフ，10年ぶり海外店。」『日経MJ（流通新聞)』（2016年12月16日記事）参照。

37）同社の設立の背景や事業展開は，2020年8月26日に実施した株式会社ありがとうサービス代表取締役最終経営責任者井本雅之氏へのヒアリングにもとづいている。

38）なお，タイへの出店は日系の現地企業等との合弁で設立している。

［参考文献］

Meyer, Erin.（2014）"The Culture Map Breaking Through the Invisible Boundaries of Global Business" Perseus Books Group.（エリン・メイヤー著 田岡恵監訳，樋口武志訳（2015）『異文化理解力　相手と自分の真意がわかるビジネスパーソン必須の教養』英治出版）

Sternquist, Brenda.（2007）"INTERNATIONAL RETAILING 2 Edition", Fairchild Books.（ブレンダ・スターンクィスト著　若林靖永・崔容熏他訳（2009）『変わる世界の小売業—ローカルからグローバルへ—』新評論）

Usunier, Jean-Claude., Lee Julie Ann.（2009）"MARKETING ACROSS CULTURES 05 Edition" ,Peason Education.（ジャン・クロード・ウズニエ，ジュリー・アン・リー著小川孔輔，本間大一監訳（2011）『異文化適応のマーケティング［原著第5版]』ピアソン桐原）

エレツ・エイアン，ジャン＝バティースト・ミシェル　阪本芳久訳（2019）『カルチャロミクス　文化をビッグデータで計測する』草思社文庫。

川端基夫（2005）『アジア市場のコンテキスト【東南アジア編】』新評論。
　　　　（2006）『アジア市場のコンテキスト【東アジア編】』新評論。
　　　　（2009）「小売国際化とアジア市場の特性」向山雅夫・崔相鐵編『小売企業の国際展開』中央経済社，pp.31–50。
　　　　（2017）『消費大陸アジア』ちくま新書。

KMS研究会監修，齋藤通貴・三浦俊彦編著（2020）『文化を競争力とするマーケティング　カルチャー・コンピタンスの戦略原理』中央経済社。

鳥羽達郎（2017）「流通業の国際化–小売国際化研究の成果と課題–」『流通』No.40,pp.55–70.

向山雅夫・崔相鐵（2009）『小売企業の国際展開』中央経済社。

山崎正和（2007）『文明としての教育』新潮新書。

第**8**章 •
Australian Business Culture, Hofstede, and the role of humour in the workplace

In this chapter I ask and attempt to answer some simple questions: What do we mean by 'Australian humour'? How does humour influence the workplace? What kind of academic responses are there to humour in the workplace? And finally, how does our understanding of Australian humour in the context that it is presented below affect our understanding of Hofstede's formulation about national cultural characteristics in the workplace?

1 What do we mean by 'Australian?

Australia is a multicultural, or culturally pluralist society. There are currently people from around 270 discrete cultures who speak 240 separate languages living in Australia (ABS, Australian Census, 2016). However, the culturally pluralist moniker notwithstanding, White Anglo–Australian values are discursively dominant, with 62.3% of Australians claiming Australian or British ancestry (ABS, Australian Census, 2016). This domination reflects the early White colonization of Australia by British colonists, as they established Australia in its earliest incarnation as the world's largest penal colony. Having decided that Australia was 'terra nullius' – that it was uninhabited – the British quickly set about attempting to make this a retrospective truth by massacring vast numbers of the Aboriginal inhabitants, including the attempted genocide of Tasmanian Aboriginals. Aboriginality is still largely absent from discourse about Australian identity in the twenty first century (see, for example, Griffiths and Russell (2018), Reynolds (1999), Rolls (2010)).

Migration patterns in the nineteenth and early twentieth centuries saw substantial numbers of arrivals from English speaking European nations – Britain and Ireland in particular. These migrants made up the majority of Australia's population by the beginning of the Second World War, and unsurprisingly English was the lingua franca of the nation. As a colony of Britain, and then as a member of the British Commonwealth, Australia has had a long and tight connection with Britain and the values held by the British people.

By the middle of the twentieth century, however, Australian migration patterns had shifted to accommodate the exodus of Europeans from the Continent who were looking to relocate after World War 2. Italian, Greek, Sicilian and other southern European migrants entered Australia in large numbers in the period 1945–55 as part of a government incentive to 'repopulate' Australia. The 1950s and 60s saw an influx of migrants from the Middle East, in particular from Lebanon and Palestine. In the 1970s, following the relaxation of the White Australia Policy, there was a significant influx of migrants from Southeast Asia, and from Vietnam and Cambodia in particular. By the 1980s and 1990s migrants from these nations were surpassed by increasing numbers of migrants from Africa, and from southern Africa in particular (see Henrich, 2013 for an incisive account of how museums have reified the migration histories of many different migrants to Australia).

To summarise the Australian cultural landscape it is culturally pluralist but with dominant Anglo-English culture/language. Having stated the above, it is also important to acknowledge that in the most recent census conducted in 2016, 53 percent of Australians were either born overseas, or had one or both parents being born overseas (ABS, Australian Census, 2016). This intrinsically multicultural representation of the Australian population demonstrates that while the dominant cultural influence may well be English – largely due to early colonial migration patterns and colonial influences from Britain – contemporary Australia is much more complex than this essentialist representation.

With respect to Geert Hofstede's 1991 interpretation of culture, and his observation that culture is defined by national borders, it is apparent that nations like Australia, the United States, Canada, the United Kingdom, France, Germany – indeed almost all nations today – are unable to be squeezed into a simplistic model of what a homogeneous culture looks like. Notwithstanding this position, we will still attempt below to refine definitions of humour as it refers to the 'Australian' situation.

Hofstede stated: 'Historically, religions that were tolerant of religious diversity have lost out against those that were more closed on themselves. Most empires have disintegrated from the inside.' — Geert Hofstede, *Cultures and Organizations: Software for the Mind* (1991). This suggests that he sees 'outside' elements that distort his perceptions of cultural integrity as potentially chaotic elements that can undermine the cultural integrity of nations and empires. In modern nation states the notion of cultural homogeneity is almost entirely absent, as movements of people across borders have massively altered the cultural makeup of the nation. Hence it is likely that this perception of cultural homogeneity is a little dated.

With these caveats in mind, it is time to turn to the focus of this chapter: how and what is defined by humour.

2 What is humour?

Typically defining humour is not funny. This is not unexpected. The analysis of why we laugh and what we laugh at is influenced by many factors: gender, age, sexual orientation, class, culture and perhaps most importantly individualistic experiences. There are many different types of humour, but for the purpose of this chapter I would like to raise and superficially assess the nine categories I list below.

Humour is an aspect of the human mind, and as such, is almost certainly part of a system for information processing. So what sort of information is being processed when we laugh at something funny?

Most humour follows a pattern like this:

'First, we think that something is true, based on clues given to us, But then we are presented with further evidence, which shows that we were wrong. In fact we were so wrong, that there was something wrong with the thought processes that led to the initial conclusion. And at the end of this process, we feel pleasure.' (http://thinkinghard.com/wiki/WhatIsHumour.html)

Indeed, we can expand on this model and use the 'nine types of humour' as described by the eHarmony website, in its attempt to define humour as a characteristic that is either attractive or unattractive to a potential date. (This site has been plagiarized by many other sites).

Physical
Physical or slapstick humour, is one of the most easily identifiable types of humour.

Self-deprecating
Many people are more than happy to make themselves the butt of the joke – and this category refers to those who do this. Inferences are that the person is a modest type.

Surreal
This refers to off-the-wall, unusual, or weird comedy, such as *Monty Python's Flying Circus.*

Improvisational
Improvisational humour is largely about speedy responses to a given situation, and can be about random linkages that some find amusing.

Wit
Puns and wordplay are both forms of wit. It is arguably about sharp connections.

Topical
Topical humour takes inspiration from current events such as politics.

Observational
This type of humour is often linked to observations of everyday life, and the ridiculousness of the world around us.

Bodily
Bodily humour relies on farts, and is mostly about public embarrassment.

Dark
Dark humour is edgy. It has a serious tinge and often invokes death, disaster and other negative events.
(https://www.eharmony.co.uk/dating-advice/dating/types-of-humour)

3 Australian humour

While there are multiple types of humour globally, in this chapter we are focusing on Australian humour, so it is worth refining the list above somewhat to reflect better the circumstances in Australia. This is to give a readership that is not Australian a sense of the idiosyncratic nature of Australian humour.

Humour is seen by many Australians to be a defining aspect of Australian culture. It is also seen to be idiosyncratic. Most likely early Australian humour evolved from the strong British influences, which were through early convict Australians' working class background. Coming from impoverished and uneducated classes Australian convicts and their descendants had little respect for law, authority or the British crown. This so-called 'larrikinism' is still in evidence in contemporary Australian humour.

If we were to define the characteristics of Australian humour today, the following key words are useful guides: self-deprecating; mutually insulting; black or dark humour; disrespect for authority; class-based humour; gendered humour; stereotyping nations, races in humour; and colourful Australian English.

Australian humour has unclear origins. Some have argued that it was generated by the British working classes, incarcerated in Britain's largest ever penal colony – the land that was to become Australia (Lopez 2000). Certainly British working class humour, and particularly the humour of Cockney men and women, has become synonymous with contemporary Australian constructions of identity and self (Hirst, 2007). The self-reflexive, self-deprecating nature of this type of humour, combined with rapid dialect is often impenetrable to non-Australians. Moreover, it has idiosyncratic elements that are difficult to locate unless one is indoctrinated into the society at large.

Some examples follow. Nicknames in Australia, particularly in the twentieth century, often overtly relied on a type of obfuscating perversity, particularly among men. For example, men with red hair were referred to as 'Snowy' (entirely inappropriate because Snow refers to the colour white) or in the more recent lexicon, both men and women are called 'Ranga' (which is an abbreviation of orangutan, a reference to the colour of an orangutan's hair). Men with blonde hair are named 'Bluey' of 'Blue. Tall men are typically called 'Shorty' . Short men are known as 'Stretch' .

Then there are the abbreviations of names. These apply to men and women alike. The name Warwick becomes 'Wazza' The name Gary becomes 'Gazza' , Mary becomes 'Mazza' , and Karen becomes 'Kazza' or 'Kaz' , These abbreviations apply to a range of cultural and societal icons too. For example, Macdonald's becomes 'Macca' , sandwiches are 'sangas' , 'sambos' or 'sammies' , Christmas is 'chrissy' and presents are 'prezzies' (hence Christmas presents are 'chrissie prezzies')

4 The impact of Australian humour in the workplace

One of the more serious issues that arises from idiosyncratic Australian humour in the workplace relates to those who are consumers or targets of the humour. Problems arise when those not accustomed to Australian English, naming conventions, and engagements with other cultures are confronted by such approaches.

In a workplace, a new boss from overseas may be shocked by workers' attitude towards her/him. That is, how they address their boss. Almost always the workers will use first names, or a nickname from the beginning. This is consistent across government (no person is addressed by surname), universities (no professor is known by surname, unless they are being addressed as either a disciplinary issue or they are addressed by students who know no better), and almost all other sectors in society. The use of informal language thus acts as a social leveling mechanism within corporations at one level (Bell, 2013). This level of informality is the basis of humour in the Australian workplace, where the notion of egalitarian humour is dominant. That is, it is important for workers, through humour, to bring down to their own level those who may appear to be superior socially, culturally, or in other ways. This aggressive attitude towards humour has had a number of negative consequences, as we see below.

5 Negative impact of humour in the workplace

Humour can also act as a distancing mechanism. It can be a force that bullies the object of the humour who may have behavioural or physical issues. Or humour can be used to intimidate those who do not understand the humour. When others laugh at one member of staff they can feel humiliated.

Humour can also be used by management to intimidate and belittle workers. Humour is often used by men to dominate women in office settings. Women who do not find sexist humour amusing often become the object of humour 'attacks' by fellow male workers. Humour can also be used to marginalize those who do not understand the jokes, references to popular culture, or references to Australian culture.

In effect, then, humour can be used as a weapon to reinforce cultural stereotypes, racial stereotypes, gender stereotypes or any combination of the above. Moreover it gives those who employ aggressive humour the ability to marginalize those who do not conform to mainstream values. This clearly can be confronting for those in inferior positions within a workplace. How, for example, should an employee relate to a boss whose sense of humour revolves around bullying and intimidating workmates? How should an employee respond to workmates or a boss who are sexually aggressive towards others in the workplace? In these contexts humour can be seen as a seriously problematic form of engagement.

6 Academic responses to cross cultural readings of humour in the workplace

Christine Eriksen in 2019 looked at firefighters in Australia and at how humour was used as a means of ameliorating some of the more intense stresses felt by firefighters in the workplace. However, although the study intended to engage this large scale problem the data that were generated emphasized how humour was used as a retrospective rationale to conceal the vastly different approaches towards gender evinced by men and women of the fire service. The study demonstrated: a) how humour masks widespread occurrences of gender discrimination, and b) that the use of humour to negotiate gendered relations in everyday practices, and to describe embodied gendered identities, makes a difference for firefighter women's experiences of normative workplace culture (Eriksen, 2019).

Wise (2016) also investigated how humour and gender interact in the workplace. Her study emphasized how humour delineates boundaries of group membership, establishes insiders and outsiders, and offers a ritual solution to ambiguity and liminality, tension and social unease. Humour is Janus faced though, she argued. Historically, it has been a central tool of the racist; a way of expressing disgust and hatred with an exit strategy: 'just joking'. That is, if the 'joker' says 'I'm just joking' it provides a generic caveat for expressing the most offensive humour directed at powerless individuals within the workplace. Equally these expressions, which often amount to verbal violence, are highly damaging to the targeted individual (Wise, 2016).

Westcott and Vazquez Maggio (2016) looked at how humour and friendship crossed linguistc boundaries, and often led to intensive and culturally challenging experiences for foreign professionals in the workplace. They drew on 'semi- structured interviews with professional migrants to Australia, from a range of different countries, to explore how using non-native language impacted on new friendships' (p.503). The authors demonstrate how using the concept of 'facework', a sociological model, humour was used in forming new friendships with English speakers. Effectively they found that language was a real problem for new migrants, because even if they spoke good English, they often did not have the cultural armature to engage with Australian workmates' sense of humour.

'Non-native language confidence impacted on informal socialising because migrants encountered challenges using humour with new friends. This led to feelings of embarrassment, which had to be emotionally managed' (p.504). Despite the fact that these non-native English speakers spoke very capable English, they continued to face language and cultural challenges with respect to humour in informal settings (Westcott and Vasquez Magio, 2016).

Schnurr and Chan (2011) also looked at how humour is employed in comparative context by linking New Zealand and Hong Kong cases. Their focus was on the nature of teasing and self-denigration in the workplace. It was clear that humour was a significant element in developing perspectives on culture and work. They drew on 'authentic discourse data collected in two workplaces, one in Hong Kong and one in New Zealand,' and explored 'the complex and versatile listener activity of responding to two particularly ambiguous and thus interesting types of humour: teasing and self-denigrating humour[..]'

They argued that 'analyses of response strategies in asymmetrical relationships and rapport management strategies in general need to take into consideration both the wider socio-cultural context in which they occur as well as the specific norms and practices that characterise interlocutors' communities of practice (CofPs)' (p.21). (Schnurr and Chan, 2011).

Wijewardena et al (2017) examined how managerial humour influenced both the short term emotional and longer term psychological outcomes for employees. They found that managers needed to take responsibility for the kind of humour that took place within the workplace environment and they needed to engage the level of humour that was used. 'We argue that humor is an event that managers must responsibly manage in order to produce positive emotional experiences for employees and support healthy emotion regulation at work. We also discuss the conditions under which it is advisable for managers to use humor with employees, and suggest future research directions to develop this growing field of inquiry' (p.1316). (Wijewardena et al (2017).

7 Humour in the workplace: cultural precedent

The above examples all engage the notion of how culture is manifest in humorous interactions in the workplace. This is an increasing trend. And it is clear that the approaches, whether from sociologists, anthropologists, organizational psychologists or business management specialists all employ understandings of culture that are quite different from the simplistic, determinist definitions employed by Hofstede (1991). This is not culture as Hofstede misleadingly uses the term in Culture and Consequence. Rather it is culture that is representative of complex engagements of values, languages, and behaviours, that operate intra-nationally, as well as inter-nationally. The significance of the variations in responses to how humour is applied in a workplace setting in, for example, Australia should generate some questions about the premises and utilitarian function of Hofstede's work.

Humour is not a category that Hofstede appears comfortable with using. One could argue the he is uncertain about its place, hence he avoids using it in his analyses. But to ignore the presence of humour in the workplace is to ignore a highly significant element of the cultural interaction that goes on within any working environment. Indeed it could be argued that the absence of humour is as significant as its ubiquitous presence. That is, in working environments when management is unable to understand or employ humour in any form there have appeared major cracks in the structure of the management-staff interactions, which in turn lead to high turnovers of staff, psychological and emotional problems within staff and often a destabilizing of the corporate environment (see, for example, the well-documented case of the Trump White House, dominated by despotic individuals who display no sense of humour whatsoever. The turnover of senior staff has been the highest in the history of the United States' government).

However, language, gender, age, hierarchies and seniority all have their places in determining the value of humour in the workplace. As Wijewardena et al note, there is a lot to be gained through management exploiting humour as a significant means of addressing workplace tensions. Equally it works from the bottom up to diffuse tensions.

8 Where does Australian humour fit in these models?

If we subscribe to Hofstede's humourless approach to national stereotypes, it appears that Australians are close to power, value individualism over teams, are quite masculine (but not as masculinised as Japanese!), are not too concerned about avoiding uncertainty, have no long-term ambitions, and are extremely self-indulgent. This is a fairly damning indictment of the Australian character and of workplace relations in Australia. There may certainly be elements of truth in this characterization of Australian workers, but I suggest that the generic stereotypes have limited value across the range of corporations currently operating in Australia.

However, perhaps there is one redeeming facet of the 'Australian character' that Hosftede was unable to uncover: that of humour in the Australian workplace. Arguably it is because it appears that Hofstede himself (and his son) may have been lacking a sense of humour that this element of workplace relations was omitted. Nevertheless, the problems generated by humour in the workplace notwithstanding, it seems that there are also many positives associated with having a laugh at work. As Dwight D. Eisenhower, a general in the United States military in World War 2, so aptly opined: 'a sense of humor is part of the art of <u>leadership</u>, of getting along with people, of getting things done.'

These sentiments have been reflected in other philosophers'views. Indeed, the absence of humour is seen to be a significant problem in virtually any society. While it is clear that the concept of 'gravitas' is often perceived to be about the seriousness with which an individual pursues her goals, it should not be done without a sense of humour. Victor Borge, a famous Danish American performer and humourist, said, 'Humour is something that thrives between man's aspirations and his limitations. There is more logic in humour than in anything else. Because, you see, humour is truth.' This view, that humour is something that reflects truth and is fundamentally about logic, is consonant with other perspectives on the role of humour in life in general, and of course, by extension, in the workplace.

However, it is worth pointing out that while the principle of humour being something that is essential in our day to day existence is important, in the workplace the concept of humour, as we have seen above, can be fraught. It can be weaponised; used as a weapon to bully, intimidate or frighten work colleagues and subordinates. It can be used to reinforce power dimensions, and gender stereotypes. It can be applied to body shame individuals who do not conform to workplace standards. It can reinforce physical, psychological, emotional, or intellectual difference in others as the source of humour for the majority. It can be cruel, ignominious and degrading. In short, while the principle of the importance of humour in the workplace is significant, the practice of humour in the workplace can be much more complex than it would seem at the outset.

Where does humour fit into the dull image of the people from over 200 cultures that Hofstede presents as 'empirical'? Clearly humour is important, but not to statistical breakdowns that can't afford to acknowledge difference or individuality of respondents. In this context culture takes on a highly significant function. That is, if there is a culture of humour in the workplace that is seen as a positive value, with the concomitant expectation that humour is non-discriminatory, non-sexual, and non- partisan, then potentially it can be viewed as something that contributes to enjoyment of work. If, however, these conditions cannot be met, and if humour is used to undermine individuals' love of work, or their identities, their independence, or their freedoms, then the impact is clearly potentially negative. The case studies above demonstrate some of the complexity of how humour can be exploited in the workplace, and they emphasise both the strengths and weaknesses of its presence. What can be seen is that regardless of the positive or negative content of humour in the workplace, it is not something that can be overlooked if one is assessing how work can be compared cross-culturally. Unfortunately Hofstede et al have indeed overlooked this element in their humourless interpretation of culture. And when one mixes the term 'Australian' with 'humour' it presents some confounding issues for Hofstede's analytical framework for understanding the importance of culture in the workplace.

9 Humour in the workplace

It appears humour is crucially important for a number of reasons.
Positively it:

- Manages stress;
- Helps alleviate interpersonal conflicts;
- Provides management with tools to engage with staff at multiple levels;
- Produces a stimulating and positive environment for corporate growth and development.

Negatively it:

- Can become a means of bullying those who do not share a corporate or cultural identity;
- Can enforce sexist, racist, or other negative steretypes on those who don't necessarily conform with those beliefs;
- Can act as a tool to divide and separate different cultures, religions and genders

In Australia the sometimes misogynistic, homophobic, racist, sexist undertones of much workplace humour is potentially capable of undermining goodwill in the workplace. It can either enhance or destroy new friendships. It can enhance management practices and it can degrade management-worker relations. It can build multicultural relations and it can reinforce ethnic stereotypes. It can establish positive stereotypes and it can establish negative stereotypes.

Apart from these specific cases we've seen above, humour in the Australian workplace is something that remains important, and important for all the reasons outlined in this small chapter. While it can be divisive, a workplace devoid of humour in Australia is anathema to cultural expectations.

10 Conclusion

In short, from whatever perspective one looks at it, understanding and then assessing the impact of humour in the workplace is crucially important for all corporate, government and institutional workers. It cannot be reduced to an irrelevant byproduct of culture and society.

Although Hofstede's work was widely used in the 1980s and 90s to inform cultural dimensions of the workplace, the fact that Hofstede never actually studied culture should come as no surprise to those who have read any of his publications (Baskerville, 2003). In the case of humour, the absence of this dimension from his analytical framework demonstrates more about the inadequacy of the modelling than about the reality of cultural constructs. If we are to use Hofstede's modelling in respect to humour in the workplace it would be wise to use it cautiously and with the recognition that it can help us understand certain stereotypes, but it is limited in understanding the nature of cultural lives led by those within the nation's borders. In Australia, whether for positive or negative reasons, the impact of humour is of considerable significance in understanding workplace relations. For this reason alone it is important to continue to research the topic.

[Sources cited]

Australian Bureau of Statistics (ABS). 2020, Australian Census 2016. Availability: https://quickstats.censusdata.abs.gov.au/census_services/getproduct/census/2016/

quickstat/036.

Baskerville, R. 2003, 'Hofstede never studied culture.' *Accounting, Organizations and Society*, 28, 1-14.

Bell, N. 2013, 'Safe Territory? The Humorous Narratives of Bilingual Women.' *Research on Language and Social Interaction* 40 (2-3) : 199-225.

Eriksen, C. 2019, 'Negotiating adversity with humour: A case study of wildland firefighter wome.' *Political Geography* 68, 139-145.

Henrich, E. 2013, 'Museums, History and Migration.' *History Compass*.

Griffiths, B. and Russell, L. 2018, 'What we were told: Responses to 65,000 years of Aboriginal history' [online]. *Aboriginal History*, 42, 31-53.

Hirst, J. 2007, *The Australians: Insiders and Outsiders on the National Character since 1770*. Collingwood: Black.

Hofstede, G. 1991, *Cultures and organizations : software of the mind*. London: McGraw-Hill.

Jupp, J. 2001, *The Australian People: An Encyclopaedia of the Nation, Its People and Their Origins*. Oakleigh: Cambridge University Press.

Lopez, M. 2000, *The Origins of Multiculturalism in Australian Politics, 1945-1975*. Carlton: Melbourne University Press.

Reynolds, H. 1999, *Why Weren't We Told? A Personal Search for the Truth about Our History*. Viking, Ringwood, Victoria.

Rolls, M. 2010, 'Why didn't you listen: White noise and Black history.' *Aboriginal History* 34: 11-33.

Schnurr, S. & Chan, A. 2011, 'When laughter is not enough. Responding to teasing and self-denigrating humour at work.' *Journal of Pragmatics* 43 20-35.

Westcott, H. and Vazquez Maggio, M.L. 2016, 'Friendship, humour and non-native language: Emotions and experiences of professional migrants to Australia.' *Journal of Ethnic and Migration Studies*, 42:3, 503-518.

Wijewardena, N., Härt, C. and Samaratunge, R. 2017, 'Using humor and boosting emotions: An affect-based study of managerial humor, employees' emotions and psychological capital.' *Human Relations* 70 (11) 1316-1341.

Wise, A. 2016, 'Convivial Labour and the 'Joking Relationship' : Humour and Everyday Multiculturalism at Work.' *Journal of Intercultural Studies*, 37:5, 481-500.

〈Online resources〉

E-Harmony　https://www.eharmony.co.uk/dating-advice/dating/types-of-humour

What is Humour?　http://thinkinghard.com/wiki/WhatIsHumour.html

【執筆者一覧】

上田 和勇（うえだ　かずお）────────────────── 第1章
専修大学商学部教授

小林 守（こばやし　まもる）────────────────── 第2章
専修大学商学部教授

神原 理（かんばら　さとし）────────────────── 第3章
専修大学商学部教授

岩尾 詠一郎（いわお　えいいちろう）────────────── 第4章
専修大学商学部教授

池部 亮（いけべ　りょう）─────────────────── 第5章
専修大学商学部准教授

田畠 真弓（たばた　まゆみ）────────────────── 第6章
専修大学商学部教授

大崎 恒次（おおさき　こうじ）───────────────── 第7章
専修大学商学部教授

Matthew Allen（マシュー　アレン）───────────── 第8章
James Cook University 特任教授

■ ビジネスにおける異文化リスクのマネジメント
　―アジアの事例を中心に―

■ 発行日――2021年3月31日　初版発行　　　　　　　〈検印省略〉

■ 編著者――上田　和勇

■ 発行者――大矢栄一郎

■ 発行所――株式会社　白桃書房

　　　　　〒101-0021　東京都千代田区外神田5-1-15
　　　　　☎03-3836-4781　🅕 03-3836-9370　振替00100-4-20192
　　　　　http://www.hakutou.co.jp/

■ 印刷・製本――藤原印刷

©UEDA, Kazuo 2021 Printed in Japan　ISBN 978-4-561-26750-8 C3334

専修大学商学研究所叢書